Mensch und System

Uwe Beyer · Kilian Nickel ·
Felix Hasenbeck ·
Alexander Zimmermann

Mensch und System

Ideen zu humanzentrischen Systemmodellen

 Springer Gabler

Uwe Beyer
Fraunhofer IAIS
Sankt Augustin, Deutschland

Felix Hasenbeck
Fraunhofer IAIS
Sankt Augustin, Deutschland

Kilian Nickel
Fraunhofer IAIS
Sankt Augustin, Deutschland

Alexander Zimmermann
Fraunhofer IAIS
Sankt Augustin, Deutschland

ISBN 978-3-658-21057-1   ISBN 978-3-658-21058-8 (eBook)
https://doi.org/10.1007/978-3-658-21058-8

Die Deutsche Nationalbibliothek verzeichnet diese Publikation in der Deutschen Nationalbiblio-
grafie; detaillierte bibliografische Daten sind im Internet über http://dnb.d-nb.de abrufbar.

Springer Gabler
© Springer Fachmedien Wiesbaden GmbH 2018

Gedruckt auf säurefreiem und chlorfrei gebleichtem Papier

Springer Gabler ist Teil von Springer Nature
Die eingetragene Gesellschaft ist Springer Fachmedien Wiesbaden GmbH
Die Anschrift der Gesellschaft ist: Abraham-Lincoln-Str. 46, 65189 Wiesbaden, Germany

Vorwort

Durch den schnell zunehmenden Einsatz von Computern in nahezu allen Lebensbereichen erhöht sich die Menge verfügbarer Information extrem. Die Nutzung dieser Daten führt zu immer größeren betriebswirtschaftlichen und technischen Systemen, die zu komplex sind, um von Menschen verstanden zu werden. Als Ausgleich für dieses Manko wird im Rahmen der Digitalisierung versucht, intelligente Verfahren einzusetzen, die dem Menschen dabei helfen, die Systeme zu verstehen und zu steuern. In diesem Buch wird eine Theorie vorgestellt, die die systemischen Grenzen für diesen Ansatz aufzeigt und Alternativen vorschlägt. Es gilt das Prinzip, dass Systeme nur dann nachhaltig und rational gemanagt werden können, wenn die Konsequenzen von Entscheidungen auch verstanden werden können. Systeme mit entsprechenden strukturellen Eigenschaften sind mittel- und langfristig deutlich rentabler und überlebensfähiger.

Dieses Buch ist ein Appell zur Bescheidenheit. Man sollte akzeptieren, dass die konzeptionellen Fähigkeiten eines Menschen aus systemischer Sicht als sehr limitiert anzusehen sind und die Dynamik auch durch den Einsatz von „technischen Gehirnerweiterungen" wie Computern nicht wirklich beherrscht werden kann. Modelliere und steuere nur, was Du beherrschen kannst, und akzeptiere den Rest.

Das Buch versucht, die Sachverhalte möglichst faktisch, formal und emotionsfrei darstellen. Die Autoren vermeiden im Rest des Textes bewusst eine subjektive Interpretation, soweit dies im Zusammenhang mit menschgemachten Systemen möglich ist. Der Text spiegelt aber auch die Erfahrung von mehr als 20 Jahren Beratungstätigkeit wieder. Natürlich entsteht hierbei zwangsläufig auch eine persönliche Interpretation der Ergebnisse, die auch die Autoren teilweise recht stark überrascht haben. Wir möchten dem Leser diesen eher unterhaltsamen Teil nicht vorenthalten. Im Vorwort stehen also keine Fakten, sondern Interpretation der Autoren, die natürlich stark subjektiv sind und sicherlich nicht von allen geteilt werden müssen.

Management ist die Kunst, die Wertschöpfungskette einer Unternehmung möglichst optimal zu betreiben und so fortzuschreiben, dass die Unternehmung möglichst lange lebt. Unternehmensberatung ist eine Dienstleistung, die dem Unternehmer dabei hilft, optimal zu managen – soweit so gut, aber was bedeutet das genau? Die Erfahrungen der Autoren lassen sich vermutlich am besten in einer chronologischen Darstellung verstehen:

Mensch als Problem ... Ab Anfang des letzten Jahrhunderts begann die Principal-Agent-Theorie [1], also die Frage „Wie bringt der Chef die Mitarbeiter dazu, das zu tun, was er möchte?", die Gedankenwelt aller Manager zu prägen. Der Mensch wird zum Problem, weil er als schwächstes Glied des Unternehmens einfach nicht zuverlässig und reproduzierbar funktionieren will. Jeder Betriebswirtschaftsstudent lernt diese Sicht im Studium kennen. Dieses Thema ist zentral und bis heute im Mainstream der Unternehmen bestimmend, wie die schier unerschöpfliche Vielfalt an Management-Ratgebern zeigt.

Nun folgte eine lange Phase der schrittweise zunehmenden Industrialisierung. In dieser Phase war der Principal-Agent-Ansatz das führende Paradigma zur Gestaltung von effizienten Unternehmen. Die Effektivität dieses Ansatzes nahm aber in dem Maße ab, in dem die Intelligenz und die gestalterische Kraft der Klienten durch die Betonung von flexibler Produktion und flexiblen Verwaltungsprozessen zum Erfolgsfaktor wurde. Der Aufwand zum „Erzwingen der Willens des Prinzipals" sowie die Komplexität der erforderlichen Managementprozesse erzeugen Aufwand und Trägheit, ohne in letzter Konsequenz die gewünschten Qualitätsstandards und Synergien zu erreichen. In diesem Zusammenhang war die schrittweise Entwicklung der IT ab Erreichen eines bestimmten Levels an „Intelligenz" und Automation ein „Game-Changer", die eine Lösung für das Problem versprach. Es entstand das Konzept des Automated Business Process Management.

Stringenz als Antwort ... Das Konzept des Business Process Management verspricht effektive Führung der schwer kontrollierbaren Mitarbeiter, indem es durch ein „stringentes, globales Prozessmanagement" weltweit alles verbindlich regelt. Der Mitarbeiter muss nur noch das ausführen, was die Prozessdesigner vorgedacht haben. Dies erscheint in allen Unternehmensbereichen, also Produktion, Verwaltung, Entwicklung und Leitung als ultimatives Ziel. Die rasante Entwicklung der IT führt dazu, dass Computer dies immer effektiver unterstützen und überwachen können. Der Mensch wird zum „humanoiden Prozessor", der im Idealfall leicht austauschbar ist. Es gibt schier endlose Varianten dieses Themas und jede Beratungsschule propagiert eine eigene Methode (wenn nicht gar Standards) zum Entwurf, zur Etablierung und zum Optimieren der Prozesswelten.

Mehrere Dekaden des Business Process Management haben zu einer gewissen Desillusionierung geführt. Es hat sich gezeigt, dass das vermeintlich einfache und leistungsstarke Konzept in der Praxis doch auch eine Menge Tücken aufweist.

Stringenz funktioniert nicht gut … Es ist unbestritten, dass optimales Global Process Management sowie dessen konsequente lückenlose Umsetzung zu sehr effektiven Unternehmen führen kann. Es ist aber genauso offensichtlich, dass der Weg dorthin sehr lang und sehr teuer ist und viele Unternehmen dieses Ziel nicht erreichen, sondern bei einer halben Lösung stehen bleiben und daran schier verzweifeln. Ganze Generationen von Beratern haben sehr gut von diesem Zustand gelebt. Ein „hier müssen wird durch, wir betreiben das noch konsequenter", das berühmte „Viel hilft viel"-Prinzip, führt häufig nicht zum Ziel, sondern manchmal auch zum Zerbrechen. Selbst die Gewinner leiden weiter. Das Aufrechterhalten eines globalen Prozessmanagements erfordert permanente und umfangreiche Kontrolle. Alle Teile, die nicht beobachtet werden, treiben von selber „ins Chaos". Je stärker die Prozesse optimiert sind, umso schwieriger fallen Veränderungen, die Stringenz führt zu Inflexibilität. Der Satz „Wenn das Chaos auf die Ordnung triff, gewinnt das Chaos, weil es besser organisiert ist", scheint häufig in fataler Weise zu stimmen!

Zumindest die Phasen „Stringenz" und „funktioniert nicht gut" haben die Autoren lange Zeit selber durchlaufen. Manche Projekte waren erfolgreich, einige eher nicht. Wie bei jedem Berater gab es eine eigene Methodik, die aber leider auch nicht immer gut funktioniert hat. Hierbei sind schrittweise einige Einsichten entstanden:

Prozesse sind zu wenig Eine reine Beschränkung auf eine prozessuale Sicht des Unternehmens reicht nicht aus, um alle relevanten Randeffekte zu greifen. Neben Prozessen sind eben auch Produkte, Kunden, Mitarbeiter, Betriebsmittel und vieles mehr wichtig. Eine optimale Wirkung entsteht nur im Zusammenspiel all dieser Aspekte, Exzellenz in einem einzelnen Aspekt (z. B. den Prozessen) bringt häufig keine nennenswerte Wirkung. Erfolg benötigt eine multiperspektivische Sicht auf alle relevanten Aspekte. Dies trifft auch zu, wenn nur Teilausschnitte eines Unternehmens (z. B. die IT oder die Produktion) im Fokus stehen.

Die Dynamik ist zu komplex Die Dynamik von multiperspektivischen Systemen ist nicht mehr verständlich, da sie zu viele Abhängigkeiten umfasst. Wenn ein Unternehmen erst einmal „angeschaltet ist" entsteht ein Drahtverhau von Einzelabläufen. Kein Mensch kann die Dynamik solcher Systeme verstehen oder aus ihr sinnvolle und korrekte Vorhersagen über die Effekte von Veränderungen ableiten. So sehr man sich das auch einreden mag, dass man die Dinge versteht: Wer mit dem Verständnis der Dynamik steuert, handelt oft quasi zufällig.

Strukturen schaffen Erfolg Die Einsicht, dass multiperspektivische Dynamik nicht verstanden werden kann, ist natürlich recht ernüchternd, da man sich fragen kann, was eigentlich noch übrigbleibt, um eine optimale Steuerung der Wertschöpfungskette zu erreichen. Wenn man einmal diesen Zustand akzeptiert hat, ist man bereit für die zentrale Idee der lateralen Organisationen.

Wenn die Menschen und die Strukturen stimmen,
kommt der Erfolg von ganz alleine.

Menschen können sich von alleine organisieren (die Menschheit hat diesen Planeten erobert – und der kann ganz schön unfreundlich sein!) und erfolgreich arbeiten, wenn die zugrunde liegenden Strukturen stimmen und die Menschen gewisse Minimalvoraussetzungen mitbringen. Das funktioniert aber nur, wenn man dem Wesen der Menschen Rechnung trägt:

Vom Menschen für den Menschen An diesem Punkt kann man die Frage der Principal-Agent-Theorie umdrehen: „Wie denken Mitarbeiter und wie baue ich daraus mein Unternehmen?" Wenn ich von meinen Mitarbeitern zu viel oder das Falsche erwarte, wird es nicht so gut klappen, als wenn das Erwartete ihrer Natur entspricht. Sie tun es dann quasi von selbst.

Die Limits akzeptieren Soweit ist das alles sehr philosophisch; es bleibt die Frage, wie Mitarbeiter denken. An dieser Stelle verfolgt das Buch einen radikalen Ansatz. Das Denken wird als kognitiver Modellbildungsprozess verstanden. Die Menschen haben als Teil ihrer kognitiven Prozesse immer ein Modell dessen, was sie für das Unternehmen tun. Wenn sie dieses Modell verstehen können (und akzeptieren), so können sie rational und stressfrei handeln. Es entsteht eine Teamwirkung. Wenn das Modell nicht verständlich ist und nicht zu den Modellen der Kollegen passt, aber trotzdem erzwungen wird, so entstehen Probleme. Diese Art der Überlegung gilt rekursiv für die gesamten Strukturen über alle Führungsebenen. Hierbei kommt es interessanterweise nicht darauf an, die Modelle möglichst gut und häufig zu erklären. Die Mitarbeiter sind nicht grundsätzlich „zu blöd oder unwillig, Sachverhalte zu verstehen". Es scheint vielmehr so zu sein, als wenn es nur einen kleinen Satz von Konstruktionsprinzipien gibt, die eingehalten werden müssen, um verständliche Modelle zu erzeugen. Zusätzlich müssen die Modelle bestimmte Maßzahlen einhalten. Verblüffenderweise scheinen dies generelle Prinzipien zu sein, die für alle Unternehmen funktionieren. Die Kunst des Managers bzw. des Beraters besteht darin, solche Strukturen (sprich Teilmodelle) zu finden, die gut auf die Wertschöpfungskette einzahlen und gleichzeitig verständlich bleiben. Ein weiterer Beitrag des Beraters besteht häufig darin, zur Bescheidenheit und zu einem bewussten Verzicht auf zu komplizierte Modelle aufzurufen.

Management ist Logistik Wenn die richtigen Strukturen und Menschen vorhanden sind, ist managen eigentlich ganz einfach. Der Manager muss Strukturen schaffen, die dafür sorgen, dass die Mitarbeiter zur richtigen Zeit und mit den richtigen Fähigkeiten und Mittel an der richten Stelle sind. Alles andere kann er seinen Mitarbeitern überlassen. Diese beherrschen die Dynamik der folgenden Aktionen mit hoher Wahrscheinlichkeit besser als die Mitarbeiter eines Konkurrenten, die eher zufällig am Ort des Geschäftes sind.

Delegation ist Freigabe der Dynamik Manager kümmern sich also idealerweise auf ihrer Führungsebene für ihren Bezugsrahmen nicht um Dynamik, da diese ohnehin nicht beherrschbar ist. Stattdessen werden Strukturen vorgegeben, in denen die Dynamik zu verlaufen hat. Die Dynamik wird von der unterliegenden Ebene relativ frei ausgeführt. Man akzeptiert einen gewissen Anteil an ohnehin nicht vorhersehbaren Effekten durch eine relativ freie Ausführung. Für die untergeordnete Ebene entsteht hierbei eine Führungssituation, in der die Fähigkeiten möglichst gut und motivationssteigernd eingebracht werden können.

Die Ideen des „Vom Menschen für den Menschen" und „Limits akzeptieren" erscheinen vielleicht in Zeiten von Digitalisierung, Big Data und Künstlicher Intelligenz als nach hinten gewandt. Es sei aber explizit darauf verwiesen, dass diese Ideen nicht aus einem bestimmten Menschenbild, etwa einen Neo-Humanismus heraus entstanden sind, obwohl man sie so interpretieren darf. Sie sind empirische Erkenntnisse aus einer Vielzahl von Projekten, bei denen sie sich als überlegen erwiesen haben. Die Autoren sind Physiker und Informatiker und tendieren von der Ausbildung eher zu stringenten Modellen. Dennoch hat die Erfahrung gezeigt, dass Menschen einfach nicht so sind, wie sich ein klassisches stringentes, komplexitätsaffines Management das wünscht – wenn man das beachtet, klappt es deutlich besser.

Wir finden Systeme spannend – lesen Sie das Buch und finden Sie heraus, ob es Ihnen auch so geht!

Literatur

1. Helmut Laux. *Risiko, Anreiz und Kontrolle: Principal-Agent-Theorie. Einführung und Verbindung mit dem Delegationswert-Konzept.* Springer-Verlag, 1990.

Uwe Beyer
Kilian Nickel
Felix Hasenbeck
Alexander Zimmermann

Symbolverzeichnis

φ	Ein *NES*-System
Φ	Menge aller *NES*-Systeme
S	Statik eines Systems
W	Wertschöpfung eines Systems
T	Trägheit eines Systems
v	Variable eines Systems
V	Menge der Variablen eines Systems
g	Transitionsfunktion
G	Menge aller Transitionen
$\{\}^t$	eine beliebige Größe ausgewertet zum Zeitpunkt t
$\Theta(g)t$	Parameter der Transition g
$\#\Theta(g)$	Spanne der Transition g
K_S	Statische Komplexität
V^0	Anfangskonfiguration der Variablen V
$\vec{V}$	Episode
$D^*(V^0, \Delta t)$	Funktion zur Berechnung der Episode
V^*	Menge aller zulässigen Anfangskonfigurationen V^0
D	Dynamik
$w(\vec{V})$	Wertschöpfungsindikator
V_A	Menge ausgewählter gültiger Anfangskonfigurationen V^0
$W(V_A, \Delta t)$	Wertschöpfung
Δe	Übergangsenergie zweier Systeme
Φ_N	Menge aller N-Systeme
Φ_E	Menge aller E-Systeme
Φ_S	Menge aller S-Systeme
$\widetilde{T}$	Äquivalenzrelation zwischen Variablen (T-Relation)
$\widetilde{A}$	Äquivalenzrelation zwischen Variablen (A-Relation)
$\widetilde{M}$	Äquivalenzrelation zwischen Transitionen (M-Relation)

T	Äquivalenzklasse (Aspekt)
$\mathfrak{T}$	Menge aller Aspekte
K_T	Komplexität eines Aspekts
$K_{\widetilde{T}}$	Komplexität aller Aspekte
$\mathfrak{M}$	Menge aller M-Klassen
K_M	Komplexität einer M-Klasse
$K_{\widetilde{M}}$	Gesamtkomplexität der M-Klassen
K_{TM}	TM-Komplexität eines Systems
G_A	Menge der Transitionen zwischen Attribut-Variablen
$G_{\bar{A}}$	Menge der Transitionen zwischen Nicht-Attribut-Variablen
Γ_S	Menge der E-Projektionsoperatoren
α	Fokus eines Projektionsoperators
C	Ergebnisbaum eines Projektionsoperators
$\overrightarrow{T}$	T-Operator
$\overleftarrow{T}$	Inverser T-Operator
$\odot$	A-Operator, Attribut-Operator
$\overset{\leftrightarrow}{M}$	M-Operator, Verknüpfungsoperator
$\oplus$	Vereinigungsoperator
$w_j^\star$	Teilwertschöpfung
$Q(v_i, w_j^\star)$	Boolesche Funktion, die angibt, ob v_i relevant für $w_j^\star$ ist
Q^+	Menge der Funktionspunkte
K_Q	Wertschöpfungskomplexität
$B(K_Q)$	Bewertungsfunktion
$\cup_S$	Konstruktionsoperator für die Statik
$\cup_T$	Konstruktionsoperator für die Trägheit
$\cup_W$	Konstruktionsoperator für die Wertschöpfung
$K_\parallel$	Strukturelle Verschränkung
$K_{\parallel+}$	Synchronisationskosten
$\triangle$	Lateral-Operator
K_L	Lateralkosten
$\Delta\tau$	Anpassungsdauer
Π	Strukturkosten
Δk	Anpassungskosten
Δo	Opportunitätskosten
$\mathfrak{W}$	Kumulierte Bilanz
KO	Kooperations-Abbildung
$B = \{b_1, \ldots, b_n\}$	TAM-Prozess
$C(b_i)$	Typ des Prozessblocks b_i

$R(b_i)$	Boolesche Ausführungsfunktion des Prozessblocks b_i
$\vdash [b_{i,1}, \ldots, b_{i,h}]$	Sequenzblock
$\vDash [b_{i,1}, \ldots, b_{i,h}]$	Parallel-Block
$\Vdash [b_{i,1}, \ldots, b_{i,h}]$	Race-Block
$\sqsubset [b_{i,1}, \ldots, b_{i,h}]$	Alternativ-Block
$\triangle [b_{i,1}, \ldots, b_{i,h}]$	Test-Block
$\bowtie [b_{i,1}, \ldots, b_{i,h}]$	Iterationsblock
$\boxdot$	Aktionsblock

Inhaltsverzeichnis

Systeme 1

In diesem Buch geht es um Modelle von humanzentrischen Systemen. Diese Systeme können z. B. Unternehmen, Maschinen oder soziale Gruppen sein. Humanzentrisch bedeutet, dass diese Systeme „vom Menschen für den Menschen" gemacht sind und/oder der Mensch in ihnen eines der zentralen Elemente darstellt. Die Systemmodelle können für verschiedene Zwecke eingesetzt werden:

- Zur Beschreibung und zur Erklärung von Realen Systemen,
- Zum Vergleich von Systemen,
- Zur Vorhersage (Extrapolation) des Verhaltens von Realen Systemen,
- Zur Ableitung (Interpolation) von nicht beobachteten oder beobachtbaren internen Zuständen von Realen Systemen,
- Zur Vorhersage der Konsequenzen von Änderungen an Realen Systemen (Planung).

Mit Hilfe eines Systemmodells kann man über Reale Systeme nachdenken, ohne an diesen „herumexperimentieren" zu müssen. Man kann über mögliches Verhalten von Systemen nachdenken, selbst wenn man diese nicht beeinflussen kann. Im optimistischen Fall kann man die Zukunft des Systems voraussagen, ehe die Ereignisse in der Realität eintreffen. Ein gutes Systemmodell verleiht seinem Besitzer im Idealfall einen Vorteil im Umgang mit dem Realen System, insbesondere gegenüber möglichen Konkurrenten. Dies funktioniert jedoch nur, wenn sich das Systemmodell in hinreichendem Maße wie das Reale System verhält. Diese Überlegungen sind nicht neu, sondern bilden den Kern jeder wissenschaftlichen Arbeit. In letzter Konsequenz sind alle formalen Modelle der modernen Wissenschaften (Physik, Mathematik, Soziologie, ...) Systemmodelle, die einem oder mehreren der oben angegebenen Zwecke dienen.

© Springer Fachmedien Wiesbaden GmbH 2018
U. Beyer et al., *Mensch und System*, https://doi.org/10.1007/978-3-658-21058-8_1

Die Begriffe „Systemmodell" und „Mensch" bedingen einander: Systemmodelle werden von Menschen gemacht und von Menschen genutzt. In diesem Sinne sind nicht nur die hier beschriebenen Systeme humanzentrisch, sondern auch die zugehörigen Modelle, und zwar in dem Sinne, dass sie für den Menschen begreifbar und manipulierbar sind, um ihre Ergebnisse interpretieren und sie den jeweiligen Zielsetzungen anpassen zu können. Der hier beschriebene Ansatz ist also im wahrsten Sinne des Worte „humanzentrisch".

Die Arbeiten in verschiedenen Wissenschaftsbereichen (z. B. der Chaostheorie [3] und der Automatentheorie [4]) haben schlüssig gezeigt, dass es für Reale Systeme, insbesondere auch die menschgemachten, in der Regel keine idealen Modelle gibt und in großen Teilen auch nicht geben kann, zumindest, wenn man die gängigen Axiome der Berechenbarkeit und Statistik zugrunde legt. Selbst wenn die Modelle vorhanden sind, sind häufig die Randbedingungen nicht vollständig bekannt und lassen sich im nötigen Umfang nicht bestimmen.

Dies bedeutet aber nicht, dass man keine Systemmodelle erstellen kann. Es bedeutet im Besonderen auch nicht, dass nicht-ideale Systemmodelle nicht trotzdem in entsprechenden Grenzen für die oben genannten Zwecke einsetzbar sind oder dass die Grenzen der Modellierbarkeit für alle Realen Systeme gleich sind. Für einige Reale Systeme kann man mit vertretbarem Aufwand hinreichend aussagekräftige Modelle erstellen – in den meisten Fällen geschieht dies über eine starke Vereinfachung auf diejenigen Aspekte, auf denen in der zu bearbeitenden Fragestellung der Schwerpunkt liegt. Für andere Reale Systeme führt jedoch auch diese Strategie der Reduktion zu keinem Ergebnis. Im Folgenden werden der zu Grunde liegende Sachverhalt und die daraus resultierenden Konsequenzen näher erörtert.

Für fundierte Überlegungen muss der Begriff „System" erst einmal etwas formaler definiert werden. Die meisten Theorien definieren Systeme mit Hilfe von Formalismen, die sich isomorph auf (inhomogene) gekoppelte, partielle Differentialgleichungssysteme (PDGL) abbilden lassen. Wir verfolgen den gleichen Weg, wobei zur Analyse humanzentrischer Systeme im Folgenden verschiedene Charakteristika gesondert definiert werden und die Darstellungsweise leicht von der typischer PDGL-Systeme differiert.

Grundlegende Konzepte humanzentrischer Systeme sind:

- Statik S: Die Statik beschreibt den grundsätzlichen Aufbau des Systems, ohne den zeitlichen Ablauf im Einzelnen zu betrachten. Die Statik von Systemen kann dementsprechend ohne den Begriff von Zeit beschrieben werden. Die Beschreibung der Statik entspricht dem Aufstellen eines PDGL-Systems.
- Dynamik D: Die Dynamik beschreibt die Abläufe, die beim „Anschalten" des Systems entstehen, insbesondere die Zustände, durch die ein System mit der

Zeit läuft. Sie geht aus der Statik hervor und entspricht der Berechnung der Zeitentwicklung eines PDGL-Systems.

- Wertschöpfung W: Die Wertschöpfung beschreibt „das Ziel" oder „den Sinn" des Systems.
- Trägheit T: Die Trägheit beschreibt die Veränderbarkeit des Systems, bei gleichbleibender Wertschöpfung.

Während die Aspekte der Statik und der Dynamik in allen Systemen zu finden sind, besitzen die Aspekte Wertschöpfung und Trägheit nur Bedeutung im Zusammenhang mit menschgemachten Systemen. Die adäquaten Maße für Wertschöpfung und Trägheit sind stark von der Charakteristik des Systems und der Zielsetzung der Modellierung abhängig und müssen entsprechend definiert werden.

Beispiel

Im Folgenden verwenden wir ein (gedachtes) Unternehmen, die ELEKTRO-AG, um verschiedene Aspekte der Systemmodellierung an Beispielen zu erläutern.

Die ELEKTRO stellt Elektrogeräte her. Obwohl es natürlich unmöglich ist, die Zukunft eines solchen Unternehmens am Weltmarkt vorauszusagen, versucht doch jeder Unternehmer sein Unternehmen so zu lenken, dass es im Spiel der Kräfte der Marktwirtschaft ein möglichst optimales Ergebnis erzielt. Unsere Beispiele zeigen, wie Systemmodelle dazu beitragen können, den permanenten Entscheidungsprozess des Unternehmens zu unterstützen.

1.1 *NES*-Systeme (Natural, Engineered, Slipped)

Ein *NES*-System φ ist ein 3-Tupel

$$\varphi = (S, W, T) \tag{1.1}$$

aus der Statik S, der Wertschöpfung W und der Trägheit T des *NES*-Systems. Die Menge aller *NES*-Systeme ist Φ. Die Bezeichnung „*NES*-Systeme" bezieht sich auf die in Kap. 2 beschriebene Klassifizierung der Systemmodelle nach den Kategorien *Natural*, *Engineered* und *Slipped*, die für die folgende Einführung in die Systematik jedoch noch nicht benötigt wird.

1.2 Die Statik S von NES-Systemen

Die Statik $S(V, G)$ ist wie folgt definiert: $V = \{v_1, \ldots, v_i, \ldots, v_n\}$ ist die Menge der Variablen des Systems und n die Anzahl der Variablen. Die Variablen können zu verschiedenen Zeitpunkten unterschiedliche Werte annehmen. Dies wird als v_i^t notiert. $V^t = \{v_1^t, \ldots, v_i^t, \ldots, v_h^t\}$ ist die Menge aller Variablen zum Zeitpunkt t. $G = \{g_1, \ldots, g_i, \ldots, g_h\}$ ist die Menge der Transitionen der Form

$$v_i^{t+\Delta t} = g_i\big(\Theta(g_i) \subseteq V^t, \Delta t\big) \tag{1.2}$$

Δt ist hierbei der Zeitschritt der von g_i beschriebenen Veränderung, wobei $\Theta(g_i)$ die Menge der Parameter der Transition darstellt, d. h. die Funktionsvariablen von g_i. Die Anzahl der Elemente von $\Theta(g_i)$, $\#\Theta(g_i)$, wird die Spanne der Transition g_i genannt.

S ist also de facto ein Differentialgleichungssystem, dessen Abhängigkeiten in Abb. 1.1 beispielhaft dargestellt sind.

Durch eine geeignete Wahl der möglichen Werte der v_i können sowohl quantitative als auch qualitative Abhängigkeiten der Variablen dargestellt werden. Wenn g_i als stochastische Funktion gewählt ist, so können auch stochastische Abhängigkeiten der Variablen abgebildet werden.

Die statische Komplexität des Systems ist ein Tupel

$$K_S = \left(\#V, \max_{g_i \in G} \#\Theta(g_i)\right) \tag{1.3}$$

aus der Anzahl der Variablen $\#V$ und der größten Spanne, die von einer Transition des Systems benötigt wird.

Abb. 1.1 Vereinfachte Darstellung der Variablen und Transitionen einer Statik. Hierbei ist z. B. $v_i^{t+\Delta t} = g_i(v_p^t, v_k^t, v_j^t)$

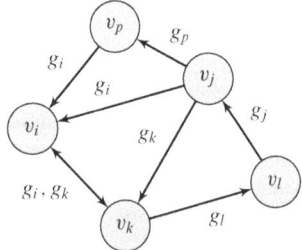

Beispiel

Die ELEKTRO besitzt ein Lager von Bauteilen {*chassis*, . . . , *kabel*, *schrauben*} aus denen sie mit verschiedenen Fertigungsschritten {montage$_1$, . . . , montage$_{17}$} Fertigprodukte {*radio*, . . . , *mixer*} herstellt. Hierzu benötigt sie eine gewisse Menge Energie *e*, die in diesem Beispiel in Arbeitsstunden gemessen wird. Eine bestimmte Anzahl von Arbeitnehmern {*meyer*, . . . , *klein*} arbeiten in der Fertigung. Die Fertigungsschritte benötigen eine gewisse Zeit Δt.

$$radio^{t+\Delta t} = \text{montage}_1 \left(chassis^t, kabel^t, schrauben^t, meyer^t, e^t \right) \quad (1.4)$$

$$chassis^{t+\Delta t} = \text{verbrauch} \left(chassis^t \right) \quad (1.5)$$

Man kann alle wichtigen Zusammenhänge der Fertigung der ELEKTRO in der oben dargestellten Weise aus Gleichungen formulieren, so das ein partielles Differentialgleichungssystem entsteht.

1.3 Die Dynamik D von *NES*-Systemen

Eine Episode $\vec{V} = D^*(V^0, \Delta t) = \left(V^0, \ldots, V^t, V^{t+\Delta t}, \ldots \right)$ ist die Folge von Variablenwerten, die entsteht, wenn das System, beginnend mit der Anfangskonfiguration V^0, mit dem Zeitschritt Δt iterativ ausgeführt wird.

Wenn $V^\star$ die Menge aller zulässigen Anfangskonfigurationen ist, dann beschreibt

$$D = \bigcup_{V \in V^\star} D^*(V, \Delta t) \quad (1.6)$$

die Dynamik (Zeitentwicklung) des Systems unter Verwendung des Zeitschritt Δt, d. h. alle möglichen, zeitlichen Entwicklungen des Systems, ausgehend von den zulässigen Anfangskonfigurationen.

Für den Fall, dass g_i nichtdeterministisch, d. h. einige oder alle g_i stochastische Funktionen sind, enthalten die V^t für die jeweiligen Variablen v_i^t die zugehörigen Verteilungen. Damit besteht in den meisten Fällen nicht mehr die Möglichkeit, geschlossene Lösungen für die Dynamik des Systems zu bestimmen. Lösungen für eine Teilmenge der Episoden einer Dynamik können aber über entsprechendes Sampling, d. h. eine Monte-Carlo-Methodik [1], approximiert werden.

Eine Episode $\vec{V}$ wird endliche Episode genannt, wenn $\vec{V}$ eine endliche Folge von Variablenzuständen ist. Eine Dynamik D wird endliche Dynamik genannt, wenn die Anzahl aller in der Dynamik enthaltenen Episoden $\#D$ endlich ist und alle Episoden endlich sind.

Beispiel

Die zulässigen Anfangskonfigurationen für die Fertigungsabläufe der ELEK-TRO ergeben sich aus dem aktuellen Lagerbestand, den verfügbaren Arbeitern, der verfügbaren Energie (d. h. Arbeitskraft), etc.

Die Dynamik der ELEKTRO ist dann die Menge aller denkbaren Fertigungen, die mit diesen Anfangsgrößen ausgeführt werden können. Man kann unschwer erkennen, dass die Anzahl der entstehenden Episoden für ein reales Unternehmen de facto unüberschaubar hoch sein wird.

1.4 Die Wertschöpfung W von NES-Systemen

Der Wertschöpfungsindikator

$$w(\vec{V}) = \begin{cases} 1 & \text{falls das Ziel erreicht wurde} \\ 0 & \text{sonst} \end{cases} \tag{1.7}$$

ist eine Funktion, die angibt, ob durch eine endliche Episode $\vec{V}$ von D das Ziel des Systems erreicht wurde.

Für eine gegebene Menge von N Anfangskonfigurationen $V_A = \{V_1^0, \ldots, V_N^0\} \subseteq V^*$ gibt die Wertschöpfung

$$W(V_A, \Delta t) = \frac{\sum_{V^0 \in V_A} w\big(D^*(V^0, \Delta t)\big)}{N} \tag{1.8}$$

an, bis zu welchem Grad das System die Ziele für ein bestimmtes Δt erreicht. Hierbei muss gelten, dass D^* für alle $V^0 \in V_A$ eine endliche Episode ist. Zur vereinfachten Notation kann auf die Angabe von Δt verzichtet werden, es wird dann $W(V_A)$ notiert.

Beispiel

Die Geschäftsführung der ELEKTRO versucht den Geschäftsverlauf des Unternehmens möglichst positiv zu gestalten. Hierzu muss aber erst einmal klar sein, was „positiv" eigentlich bedeutet, d. h. welche Wertschöpfung das Unternehmen anstrebt. Möchte es in möglichst kurzer Zeit möglichst viel Umsatz

machen oder soll das Unternehmen möglichst risikoarm betrieben werden, oder
…?

Für die ELEKTRO nehmen wir im Folgenden an, dass das Unternehmen mit
jeder einzelnen Fertigung einen Gewinn erzielen möchte, d. h.

$$w\big(D^*(Anfangsbestand, \Delta t)\big) = Verkaufserlös - Einkaufskosten \qquad (1.9)$$

$$- Personalkosten - Fertigungskosten \qquad (1.10)$$

$$- Vertriebskosten > 0.$$

Das Unternehmen ist also ein klassisches Einkaufs-, Produktions- und Ver-
triebsunternehmen. Es ist relativ offensichtlich, dass die Wertschöpfung ein sehr
wichtiger Teil eines Systemmodells ist, da sich aus ihr der „Sinn" und die „Ziele" des Realen Systems ableiten.

1.5 Die Trägheit T von *NES*-Systemen

Mit dem Begriff der Trägheit eines *NES*-Systems soll dessen Eigenschaft quanti-
fiziert werden, sich Änderungen zu widersetzen. In einem menschgemachten System wie einem Unternehmen entspricht dies den Umstrukturierungskosten, die
z. B. in Einheiten von Geld oder Zeit gemessen werden können.

Zur Definition der Trägheit wird ein Übergang zwischen zwei Systemen $\varphi_1 = (S_1(V_1, G_1), W_1, T_1)$ und $\varphi_2 = (S_2(V_2, G_2), W_2, T_2)$ betrachtet, bei dem φ_2 eine
gleiche oder höhere Wertschöpfung besitzt und gleichzeitig eine geringere Kom-
plexität aufweist, $K_S(\varphi_2) < K_S(\varphi_1)$. Es wird außerdem angenommen, dass es
für die erlaubten Anfangszustände V_{A1} von φ_1 eine dazu äquivalente Menge von
Anfangszuständen V_{A2} von φ_2 gibt, die die selben realen Ausgangssituationen beschreiben. Die Übergangsenergie

$$\Delta e\,(\varphi_1, \varphi_2, \Delta t, V_{A1}, V_{A2}) \in \mathbb{R} \quad \text{mit } W_2 \geq W_1$$

ist die Energie, die aufgebracht werden muss, um φ_1 nach φ_2 umzuformen. Es
gibt verschiedene Wege, um φ_1 in φ_2 umzuwandeln, die jeweils unterschiedliche
Übergangsenergien besitzen können. Die Trägheit

$$T\,(\varphi_1, \varphi_2, \Delta t, V_{A1}, V_{A2}) = \min_{\varphi_1 \to \varphi_2} \Delta e\,(\varphi_1, \varphi_2, \Delta t, V_{A1}, V_{A2}) \in \mathbb{R} \qquad (1.11)$$

ist die kleinste Übergangsenergie, die benötigt wird, um φ_1 in ein wertschöpfungsgleiches (oder -höheres) System φ_2 mit geringerer Komplexität umzuformen. Die Trägheit ist damit für einen bestimmten Systemübergang definiert. Je geringer die Trägheit eines Systems, desto leichter kann es bei gleicher Wertschöpfung vereinfacht werden.

Die Transformation in ein Systemmodell mit geringerer Komplexität oder geringerer Trägheit erfordert in der Praxis häufig eine hohe Übergangsenergie. Die Transformation in ein komplexeres oder träges System ist hingegen normalerweise einfach möglich, z. B. durch das simple Hinzufügen von Variablen.

Wenn man diesen Sachverhalt als einen Effekt der Thermodynamik interpretiert, so bedeutet dies, dass einfache und wenig träge Systeme eine geringere Entropie (bzw. eine höhere Ordnung) besitzen [2]. Änderungen tendieren grundsätzlich dahin, die Entropie zu erhöhen und Systeme komplexer und träger zu machen.

Beispiel

Der Unternehmer versucht, seine Wertschöpfungskette mit einem wenig komplexen System zu realisieren, während die Unternehmen von sich aus dazu neigen, träger und komplexer zu werden. Eine der wichtigsten Aufgaben des dispositiven Faktors besteht darin, die Komplexität eines Unternehmens auf das absolut notwendige zu begrenzen. Die ELEKTRO wird am Markt nur bestehen können, wenn sie ihre Produktion zeitnah und mit vertretbarem Aufwand (mit geringer Trägheit) auf neue Produkte einstellen kann. Die Produktionslinien müssen ständig optimiert werden, um bei fallenden Marktpreisen für bestehende Produkte konkurrenzfähig zu bleiben. Ein erfolgreiches Führen der ELEKTRO würde erfordern, dass das Unternehmen kontinuierlich vereinfacht und umgebaut wird. Je effektiver ein Unternehmen diesen unvermeidbaren Veränderungen begegnen kann, desto besser wird seine Wertschöpfung mittelfristig sein. Deshalb gilt der Satz, dass, wenn dasselbe Geschäft mit einem komplexen oder einem weniger komplexen Unternehmen zu machen ist, letzteres immer die günstigere Wahl darstellt. Angesichts der vielen Variablen und Transitionen sowie der großen Dynamik von der ELEKTRO wird klar, welche immense Herausforderung das Management eines solchen Unternehmens darstellt und wie schwer es in der Praxis ist, rational nachvollziehbare und halbwegs sichere Entscheidungen zu treffen.

Literatur

1. Kurt Binder, Dieter Heermann, Lyle Roelofs, A John Mallinckrodt, Susan McKay, et al. Monte carlo simulation in statistical physics. *Computers in Physics*, 7(2):156–157, 1993.
2. R. Clausius. *Die mechanische Wärmetheorie*. Die mechanische Wärmetheorie. Friedrich Vieweg und Sohn, 1876.
3. Robert L. Devaney. *An Introduction to Chaotic Dynamical Systems*. Westview Press, 2003.
4. John E. Hopcroft, Rajeev Motwani, and Jeffrey D. Ullman. *Einführung in die Automatentheorie, Formale Sprachen und Komplexitätstheorie*. Pearson Studium, 2002.

Klassen von *NES*-Systemen

2

Die weiteren Überlegungen beruhen auf der Idee, dass drei verschiedene Klassen von Systemen unterschieden werden, die bezüglich Statik, Dynamik, Wertschöpfung und Trägheit deutlich unterschiedliche Eigenschaften besitzen.

Natural Systems Systeme, die der Natur entstammen
Engineered Systems Vom Menschen gemachte Systeme mit begrenzter Komplexität
Slipped Systems Vom Menschen entworfene, aber seiner Beherrschung entglittene Systeme

Die aus diesen Klassen nach der hier vorgestellten Methodik ableitbaren Systemmodelle sind für Menschen in unterschiedlichem Grade verständlich, was im Detail in den folgenden Kapiteln illustriert wird. Es ist jedoch klar, dass Systemmodelle nur dann einen Vorteil im Umgang mit den Realen Systemen bieten, wenn der Mensch aus ihnen signifikante Erkenntnisse ableiten kann. Andernfalls können aus Systemmodellen keine nachvollziehbaren Schlüsse für ein rationales Handeln abgeleitet werden. Wenn man ein Systemmodell nicht in Gänze versteht und dann aus diesem Modell Schlüsse ableitet, können diese im Prinzip genauso zufällig sein wie solche, die man ohne Modell aufstellt, da es eine signifikante Gefahr gibt, relevante Sachverhalte aufgrund der begrenzten menschlichen Auffassungsgabe nicht bedacht zu haben.

Die Kognitionswissenschaften haben seit Mitte des letzten Jahrhunderts systematisch gezeigt, dass Menschen nur eine relativ geringe Anzahl von Konzepten bzw. „Chunks" [1–4], typischerweise

$$7 \pm 2 \tag{2.1}$$

© Springer Fachmedien Wiesbaden GmbH 2018
U. Beyer et al., *Mensch und System*, https://doi.org/10.1007/978-3-658-21058-8_2

gleichzeitig bearbeiten und zueinander in Beziehung setzen können. Die Zahl Sieben ist in diesem Zusammenhang auch als Millersche Zahl oder als „Magical Number Seven" bekannt.[1] Diese Grenze kann dazu verwendet werden, um zu beurteilen, wie verständlich ein Systemmodell ist. Jedes Systemmodell, bei dem mehr als 7 ± 2 Sachverhalte gleichzeitig bedacht werden müssen, überfordert die kognitiven Fähigkeiten der meisten Menschen – und auch bei besonders leistungsfähigen Individuen liegt die Grenze kaum höher.

Zur Vereinfachung der Notation wird im Folgenden auf die Notation 7 ± 2 verzichtet und stattdessen die Konstante 7 verwendet.

Zwei der drei Systemklassen (N, E, S), die Natural und Slipped Systems, führen zu Systemmodellen, die aufgrund ihrer Komplexität nicht mehr gut verstanden werden können. Die Klasse der Engineered Systems erlaubt jedoch die Bildung von Modellen mit einer guten Verständlichkeit. Diese Klasse bildet zusammen mit den Slipped Systems die von „Menschen gemachten Systemen". Die Verständlichkeit der Engineered Systems beruht vermutlich auf der Tatsache, dass die Menschen bei Konstruktion und Bau der Systeme (Ingenieur-) Prinzipien anwenden, die eine gute Beherrschbarkeit sicherstellen. Die Erfahrung aus einer Vielzahl von Systemmodellen zeigt, dass es vermutlich nur einen kleinen Satz solcher Prinzipien gibt, die im Folgenden vorgestellt werden. Des Weiteren erscheint es relativ einfach möglich zu sein, die Modelle aus wenigen Standardstrukturen zusammenzusetzen.

Die Menge der *NES*-Systeme lässt sich in drei Äquivalenzklassen zerlegen.

$$\Phi = \Phi_N \cup \Phi_E \cup \Phi_S \tag{2.2}$$

Die Kernidee der Unterscheidung in diese drei Klassen besteht darin, dass die Statik, Dynamik, Wertschöpfung und Trägheit der drei Klassen deutlich unterschiedliche Eigenschaften besitzen.

E-These

Systeme der Klasse der Engineered Systems Φ_E lassen sich besser modellieren, verstehen, beherrschen und optimieren als Systeme der Klassen der Natural und Slipped Systems. Man kann Modelle von E-Systemen semiautomatisch erzeugen.

---

[1] Die Zahl 7 ± 2 ist zwar eine häufig genannte Kennzahl, nach dem persönlichen Empfinden der Autoren sollte die Zahl eher 5 ± 2 lauten.

Zur Veranschaulichung der E-These wird in den folgenden Kapiteln zunächst auf die grundsätzlichen Eigenschaften der Natural, Engineered und Slipped Systems eingegangen. Das Vorgehen zum Erzeugen der Modelle wird in Kap. 4 erläutert.

Literatur

1. Torkel Klingberg. *The Overflowing Brain: Information Overload and the Limits of Working Memory*. 2009.
2. G. A. Miller. The magical number seven, plus or minus two: Some limits on our capacity for processing information. *Oxford University Press*, 63:81–97, 1956.
3. John F Sowa. Conceptual structures: information processing in mind and machine. 1983.
4. David A Tobinski. *Kognitive Psychologie*. Springer-Verlag, 2017.

Natural Systems

3

Die menschgemachten Systeme sind eine Teilmenge der Natural Systems Φ_N, bei denen bestimmte Strukturmerkmale und Maßzahlen eingehalten werden. Deshalb erläutern wir im Folgenden zunächst die natürlichen Systeme. Diese enthalten Systemmodelle von Realen Systemen, die nicht von Menschen entworfen und gebaut worden sind. Dies umfasst insbesondere physikalische Systeme und damit u. a. solche, die Gegenstand der klassischen und relativistischen Mechanik, der Thermodynamik oder der Quantenmechanik sind, z. B. ein Billardspiel, Flugzeuge, das Wetter und Schwarze Löcher. Mit eingeschlossen sind damit auch die in den anderen Naturwissenschaften behandelten Systeme, da diese sich stets auf physikalische Gesetze gründen.

3.1 Die Statik von N-Systemen

Die statische Komplexität von N-Systemen ist meist sehr hoch, da in der Regel „Alles von Allem" abhängt, was in einer hohen Spanne der g_i resultiert. Dies ist insbesondere immer dann der Fall, wenn Felder[1] zur Definition von G verwendet werden. Dies triff z. B. auf N-Körper- oder quantenmechanische Modelle zu, kann z. B. aber auch bei Interaktionsmodellen für Wirtschaftssysteme auftreten. Die grundlegenden Gesetzmäßigkeiten, die diese Systeme bestimmen und die häufig durch Differentialgleichungen dargestellt werden, wirken hierbei relativ simpel. Jedoch ist das Nachvollziehen der Dynamik normalerweise jenseits der Fähigkeiten eines Menschen. Auch der Einsatz modernster Hochleistungsrechner kann dieses Problem nicht beheben und wird es auch in Zukunft aufgrund der Begrenzungen, die durch die Automatentheorie gesetzt sind [6], nicht können. Dies liegt daran, dass viele Fragestellungen der Natural Systems zur Klasse der

---

[1] Im Sinne einer Feldtheorie [4, 7].

© Springer Fachmedien Wiesbaden GmbH 2018
U. Beyer et al., *Mensch und System*, https://doi.org/10.1007/978-3-658-21058-8_3

NP-harten Probleme [6] gehören, bei denen die zur Lösung benötigte Rechenzeit häufig exponentiell mit der „Größe" der Problems (z. B. gegeben durch die Anzahl an betrachteten Teilchen, die Länge der Zeitspanne, etc.) ansteigt. Aufgrund dieses Sachverhalts würden auch deutlich schnellere Computer nicht dazu führen, dass derartige Probleme signifikant besser beherrschbar wären.

Eine weitere Schwierigkeit besteht darin, dass nicht klar ist, wie die Variablenmenge V gewählt werden soll, da bei jeder Wahl eines praktikablen, d. h. nicht zu großen V, relevante Faktoren nicht berücksichtigt werden, z. B. bei der Modellierung von großen ökonomischen Systemen. Dies führt dazu, dass solche Modelle stochastische Variablen enthalten oder relativ einfache Randbedingungen an den Außengrenzen des Systems gewählt werden, um die nicht greifbaren Effekte zumindest statistisch abzubilden. Das Konzept einer abgeschlossenen Systembeschreibung und -betrachtung auf Basis einer „Closed-World Assumption" [3, 10] greift bei N-Systemen häufig nicht.

3.2 Die Dynamik von N-Systemen

Die Dynamik von N-Systemen kann de facto nicht dazu verwendet werden, um das exakte Verhalten und/oder den Endzustand der Realen Systeme vorauszusagen. Diese zentrale Erkenntnis der Chaostheorie [2, 11] wird in der Praxis typischerweise von einer Kombination folgender Faktoren verursacht:

3.2.1 Kombinatorische Explosion in N-Systemen

Die stochastischen Variablen verursachen eine kombinatorische Explosion [5] der Dynamik, da eine Aufeinanderfolge von Bifurkationspunkten im Systemverlauf zu einem exponentiellen Wachstum (mit der Größe von V und der zeitlichen Länge der Episoden) der möglichen Systemverläufe führt, z. B. bei spieltheoretischen Modellen von Sozialen Systemen.

Kombinatorische Explosion kann bereits in sehr einfachen Systemen auftreten, z. B. in folgender Kommunikationssituation:

Beispiel

Vier Personen (a, b, c, d) kommunizieren auf einer Party kurz (1–2 Minuten) rundenweise miteinander. Es gibt nur paarweise Kommunikationen, d. h. in einer Runde können sich nie mehr als zwei Personen auf einmal unterhalten. Es bleibt jeder Person in jeder Runde freigestellt, ob und mit wem er oder sie kommuniziert oder nicht. Bei der Kommunikation zwischen zwei Personen gibt es eine Wahrscheinlichkeit, dass die übermittelte Information verfälscht wird. Einer der vier Personen wird eine neue Information zugänglich gemacht und die Personen können sich zehn Runden lang miteinander unterhalten. Am Ende besitzen zwei der vier Personen eine verfälschte Information und es soll ermittelt werden, auf welchem Wege diese Fehlerinformation zustande gekommen ist.

In jeder Runde gibt es zehn mögliche Paarungen für die Kommunikation,

$$\{ab\}, \{ac\}, \{ad\}, \{bc\}, \{bd\}, \{cd\}, \{ab, cd\}, \{ac, bd\}, \{ad, bc\}, \{\,\} \qquad (3.1)$$

In zehn Runden gibt es dann $10^{10} = 10.000.000.000$ mögliche Kommunikationsverläufe.

Eine vermeintlich übersichtliche Kommunikationssituation auf einer eher kleinen Party führt bereits dazu, dass ein System mit 10 Milliarden Episoden entsteht. De facto wäre es in dieser Situation wohl kaum zu ermitteln, wo und wann die Verfälschung der Information stattgefunden hat, auch wenn einige Episoden ausgeschlossen werden können (z. B. keiner redet jemals mit einem anderen).

3.2.2 Unbekannte Einzeleffekte in N-Systemen

Die Verteilung der stochastischen Variablen kann nicht hinreichend genau ermittelt/geschätzt werden, so dass die entstehenden Episoden nicht den wirklichen Verläufen entsprechen. Dies kann z. B. der Fall sein, wenn die Grundgesamtheiten der möglichen Variablenwerte zu groß (oder de facto unendlich) oder unbekannt sind.

Der Börsenwert von einzelnen Aktien oder die Wahrscheinlichkeit von Niederschlägen in Mitteleuropa sind gute Beispiele für stochastische Variablen, die man nicht in seine Systemmodelle einbauen sollte, wenn man auf eine hohe Signifikanz der Vorhersagen von deterministischen Einzelereignissen Wert legt.

Systemmodelle zur Vorhersage von Käuferverhalten für vollkommen neue Produkte (z. B. Bonbons mit eingebautem, essbarem USB-Stick) sind in der Regel sehr insignifikant, da nicht klar ist, wie viele Kunden es für das neue Produkt gäbe und wie die Variablen verteilt sind, die die Präferenzen der Kunden beschreiben.

Abb. 3.1 Beispiel für ein
System mit temporaler
Unschärfe

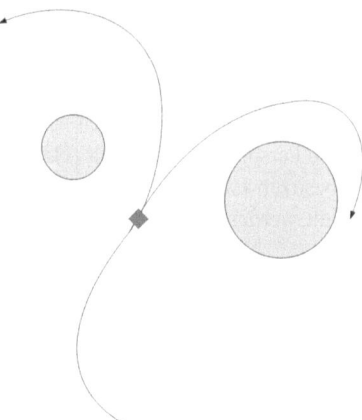

3.2.3 Temporale Unschärfe in N-Systemen

Eine korrekte Vorhersage der Transitionen und der zugehörigen Trajektorien erfordert bei der Betrachtung der diskretisierten Gleichungen einen unendlich kleinen Zeitschritt Δt, da sonst an Bifurkationspunkten nicht korrekt verzweigt werden kann. Dies kann u. a. bei N-Körper-Problemen der Fall sein [8].

In Abb. 3.1 ist ein Satellit dargestellt, der auf seiner Bahn weit in das Schwerkraftfeld von zwei Planeten eindringt. Falls der Satellit in einen bestimmten Bereich fliegt, so können bereits infinitesimale Unterschiede in Position, Masse und Geschwindigkeit des Satelliten und der Planeten zu vollkommen verschiedenen Flugbahnen führen. Ein System, das die Flugbahnen des Satelliten durch Iteration von Position und Impuls der Körper vorhersagen soll, müsste nahe solchen Punkten mit einem nahezu unendlich kleinen Δt rechnen, um die Flugbahn korrekt zu bestimmen. Falls der Satellit den kritischen Bereich betritt, ist ihre exakte Vorhersage damit praktisch unmöglich.

3.2.4 Unendliche Episoden von N-Systemen

Viele N-Systeme besitzen nicht-konvergierende Episoden, die also für den betrachteten Zeitrahmen weder gegen einen stationären Zustand noch periodisch verlaufen. Bei einer praktischen Betrachtung kann damit von einer unendlichen Dynamik ausgegangen werden kann, deren Endzustand unbekannt bleibt. Als physikalisches Beispiel sei hier das Doppelpendel bei großen Auslenkungen genannt.

3.3 Die Wertschöpfung und Trägheit von N-Systemen

Ein für den Menschen erkennbares, „sinnbehaftetes" Ziel der von N-Systemen abgebildeten Realen Systeme ist nicht bekannt[2]. Es können zwar Kräfte identifiziert werden und Prinzipen, die als Grundsätze der Dynamik dienen, wie z. B. das Hamiltonsche Prinzip aus der Theoretischen Mechanik [8] oder die Hauptsätze der Thermodynamik [1]. Diese besitzen jedoch keinen anthropologischen Zweck. Somit gibt es keinen Wertschöpfungsindikator und auch keine Wertschöpfungsfunktion der Systeme.

Aufgrund der fehlenden Wertschöpfungsfunktion ist die Trägheit von N-Systemen undefiniert, da nicht festgestellt werden kann, was eine wertschöpfungserhaltende Transformation sein könnte.

3.4 Zusammenfassung der Eigenschaften von N-Systemen

Das Verständnis von N-Systemen ist häufig nur auf prinzipieller Ebene möglich, ein Verständnis der konkreten Dynamik liegt außerhalb der Möglichkeit eines Menschen und ist nur für stark vereinfachte Systeme möglich.[3] Die Dynamik von N-Systemen ist häufig nicht valide vorhersagbar, sobald diese eine gewisse Größe überschreiten.

N-Systemen besitzen keine Ziele im anthropologischen Sinne einer Zweckerfüllung. Die Wertschöpfung ist nicht definiert. Eine zielgerichtete Veränderung der Systeme bei gleicher Wertschöpfung ist folglich nicht machbar.

Die Klasse der N-Systeme bietet wenige Ansatzpunkte für eine gezielte Veränderung; man „erleidet" diese Systeme eher, als man sie aktiv steuert.

Beispiel

Falls die ELEKTRO sich nur als N-System beschreiben lässt oder falls sie in wichtigen Teilen von N-System-Effekten bestimmt ist, so ist es de facto nicht möglich, die Zukunft des Unternehmen halbwegs sicher vorauszusagen. Das Führen des Unternehmens wäre ein reines Glücksspiel. Jeder Unternehmer versucht aber genau diesen Zustand zu vermeiden. Im Falle der ELEKTRO mag es Teile geben, die Quasi-N-Effekte erzeugen, wie z. B. der Wechselkurs von Währungen im Zusammenhang mit Ein- und Verkaufspreisen. Der Unternehmer wird versuchen, diese Risiken mit entsprechenden Verfahren abzusichern, d. h. diese so gut wie möglich zu vermeiden.

---

[2] Zumindest wenn man von philosophischen und religiösen Interpretationen absieht.
[3] Vielleicht rührt die häufig geäußerte Hoffnung auf das „magische Konzept" der Emergenz [9] genau aus der schwer zu akzeptierenden Tatsache dieser Unverständlichkeit.

Literatur

1. Herbert B. Callen. *Thermodynamics and an Introduction to Thermostatistics*. Wiley Text Books, 1985.
2. Robert L. Devaney. *An Introduction to Chaotic Dynamical Systems*. Westview Press, 2003.
3. Hubert L. Dreyfus. *What Computers still can't do: A Critique of Artificial Reason*. MIT Press, Cambridge, MA, USA, 1992.
4. Richard Phillips Feynman. *QED: The strange theory of light and matter*. Princeton University Press, 2006.
5. Joachim Hartung. *Statistik: Lehr- und Handbuch der angewandten Statistik*. De Gruyter Oldenbourg, 2009.
6. John E. Hopcroft, Rajeev Motwani, and Jeffrey D. Ullman. *Einführung in die Automatentheorie, Formale Sprachen und Komplexitätstheorie*. Pearson Studium, 2002.
7. LD Landau and EM Lifshitz. Field theory, 1973.
8. Lew D. Landau and Jewgeni M. Lifschitz. *Mechanik*. Europa-Lehrmittel, 1997.
9. Klaus Lucas and Peter Roosen. *Emergence, analysis and evolution of structures: Concepts and strategies across disciplines*. Springer, 2009.
10. Jack Minker. On indefinite databases and the closed world assumption. *Lecture Notes in Computer Science*, 138:292–308, 1982.
11. Peter Smith. *Explaining Chaos*. Cambridge University Press, 1994.

Engineered Systems

4

Die Engineered Systems Φ_E enthalten Systemmodelle Realer Systeme, die von Menschen entworfen und gebaut worden sind, um einen bestimmten Zweck zu erfüllen. Dies umfasst technische Systeme wie z. B. Maschinen, aber auch betriebswirtschaftliche Systeme wie Unternehmen [3]. Engineered Systems können vom Menschen beherrscht werden, d. h. die Kausalität von Modifikation und Effekt ist für ihn durchschaubar und kann von ihm zur Kontrolle des Systems eingesetzt werden. Diese Beherrschbarkeit, die auch den zentralen Unterschied der E- zu den N-Systemen darstellt, beruht auf der bewussten oder unbewussten Anwendung einer Handvoll Mechanismen.

In diesem Kapitel werden die Werkzeuge zur Modellierung eines E-Systems erläutert, anhand derer die Prinzipien in den folgenden Abschnitten dargestellt und in Kap. 8 zusammengefasst werden.

4.1 Die Statik von E-Systemen

Die Statik von E-Systemen weist drei Äquivalenzrelationen $(\widetilde{T}, \widetilde{A}, \widetilde{M})$ auf, die die Systeme für Menschen besser verständlich machen. Dies wird die *TAM*-Eigenschaft von E-Systemen genannt und ist ein wichtiges Unterscheidungsmerkmal zur Abgrenzung von N- und S-Systemen. Jede Variable, die zur Systemmodellierung genutzt wird, ist in mindestens einer der durch die Äquivalenzrelationen erzeugten Äquivalenzklassen enthalten.

4.1.1 T-Relation

Man kann eine Äquivalenzrelation $v_a \, \widetilde{T} \, v_b$ mit $v_a, v_b \in V$ wählen, die die Menge der Variablen in Äquivalenzklassen T, die T-Klassen, zerlegt. Diese T-Klassen

© Springer Fachmedien Wiesbaden GmbH 2018
U. Beyer et al., *Mensch und System*, https://doi.org/10.1007/978-3-658-21058-8_4

vereinen Variablen und ordnen diese in einer hierarchischen, baumartigen Struktur an. Die Menge der entstehenden T-Klassen sind die *Aspekte* des Systems. Die Menge aller Aspekte wird als $\mathfrak{T}$ notiert.
Die Konstruktion der Aspekte findet typischerweise in drei Schritten statt:

1. **Modellieren der Aspekte**
   Anhand des betrachteten Systems wird entschieden, welche Aspekte zur Systembeschreibung genutzt werden.
2. **Zuordnung der Variablen zu den Aspekten**
   Die zur Systembeschreibung verwendeten Variablen werden den Aspekten zugeordnet.
3. **Modellieren der Hierarchiestruktur innerhalb der Aspekte**
   Die Hierarchiestruktur der Variablen innerhalb eines Aspekts wird modelliert. Die Variablen werden so in Hierarchieebenen eingeteilt, dass die Variablen einer Hierarchieebene durch die entsprechenden Transitionen nur von den Variablen der nächstniedrigeren Hierarchieebene abhängen.

Beispiel

Im Modell der ELEKTRO tauchen folgende Variablen auf: Chassis, Kabel, Schrauben, Radio, Mixer, Fr. Meyer, Hr. Klein, Hr. Schmidt. Als sinnvolle Aspekte werden „Bauteile", „Fertigprodukte" und „Mitarbeiter" definiert. Chassis, Kabel, Schrauben werden dem Aspekt „Bauteile", Radio und Mixer dem Aspekt „Fertigprodukte" und Fr. Meyer, Hr. Klein und Hr. Schmidt dem Aspekt „Mitarbeiter" zugeordnet. Da Fr. Meyer die Abteilungsleiterin ist, befindet sie sich im Aspekt „Mitarbeiter" auf der höchsten Hierarchieebene. Hr. Klein und Hr. Schmidt sind als gleichberechtigte Mitarbeiter auf der zweiten Hierarchieebene.

Ein Beispiel für einen Aspekt ist in Abb. 4.1 dargestellt. Der gezeigte Aspekt besitzt vier Hierarchieebenen: v_1 gehört zur ersten Ebene, v_2 und v_3 gehören zur zweiten, v_4 und v_5 zur dritten und v_6 zur vierten Ebene. In der Tabelle rechts sind die Abhängigkeiten der Transitionen dargestellt, die in der Abbildung als Linien zwischen den Variablen, den Knoten, visualisiert sind. Diese Abhängigkeiten werden als *Kanten* bezeichnet. Die Variablen der niedrigsten Hierarchieebene werden Blätter genannt.

Ein Aspekt ist also als Graph mit Verknüpfungen zwischen den Knoten zu verstehen. Er kann dementsprechend auch als Menge von Variablenpaaren reprä-

Abb. 4.1 Beispiel für die
Darstellung eines Aspekts
T als Baum (*links*) und
zugehörige Transitionen
(*rechts*)

$$v_1^{t+\Delta t} = g_1\,(v_2, v_3, \Delta t)$$
$$v_3^{t+\Delta t} = g_3\,(v_4, v_5, \Delta t)$$
$$v_5^{t+\Delta t} = g_5\,(v_6, \Delta t)$$

T

Abb. 4.2 Beispiel für die
Darstellung eines Aspektes
in einem *TAM*-Diagramm

T

sentiert werden. In dieser Schreibweise kann der Baum aus Abb. 4.1 als

$$T = \{(v_1, v_2), (v_1, v_3), (v_3, v, 4), (v_3, v_5), (v_5, v_6)\} \tag{4.1}$$

dargestellt werden.

Zwei Variablen v_a, v_b sind zueinander äquivalent bezüglich $\widetilde{T}$, falls gilt

$$\exists\, T \in \mathfrak{T} : v_a \in T \wedge v_b \in T. \tag{4.2}$$

In praktischen Anwendungen sind die g_i für die Variablen eines Aspekts (im Beispiel aus Abb. 4.1: v_1, v_3, v_5) häufig Boolesche Funktionen mit der Aussage „v_i ist vorhanden/funktioniert, wenn $\Theta(g_i)$ auch vorhanden ist/funktioniert". Nur die Variablen, die die Blätter des Aspekts darstellen, tragen meist g_i mit anderen Funktionalitäten, die in Abschn. 4.1.2 erläutert werden.

Als grafische Darstellung für Aspekte und deren Abhängigkeiten untereinander wird im Laufe dieses Kapitels das sogenannte *TAM*-Diagramm definiert. Ein Aspekt wird in einem solchen *TAM*-Diagramm als Dreieck dargestellt (Abb. 4.2).

Die Zuordnung der Variablen zu Aspekten trägt zu einer deutlichen Reduktion der Komplexität des Systems bei und ist darauf zurückzuführen, dass der Mensch beim Entwurf die Funktionalität des Gesamtsystems aus überschaubaren Teilfunktionalitäten zusammensetzt.

Die Variablen eines Aspektes beschreiben einen Teil des Gesamtsystems, z. B. die Produkte eines Unternehmens oder die Antriebskomponenten einer Maschine. Die Tatsache, dass sich in realen Beispielen immer wieder Aspekte mit einer sinnvollen Hierarchie finden lassen, hängt vermutlich damit zusammen, dass beim Entwurf der zugehörigen Realen Systeme eine hierarchische Dekomposition auf Basis von Teilproblemen vorgenommen wurde [2].

Die Aspekt-Komplexität K_T des Aspektes T ist als

$$K_T(T) = \max\,\{\text{Anzahl Hierarchieebenen des Aspektbaums},$$
$$\text{Größte Spanne eines Knotens in } T\} \qquad (4.3)$$

definiert. Aspekte mit K_T größer als 7 sind für Menschen in der Regel schwer zu erfassen.

Beispiel

Das bedeutet, dass Teilstrukturen von ELEKTRO, die ein K_T größer 7 aufweisen, so komplex sind, dass sie dazu tendieren, nicht mehr gut zu managen sind. Sichtbare Symptome könnten z. B. schlechte Performance, erhöhte Kosten, unzufriedene Mitarbeiter, schlechte Qualität oder ähnliches sein.

Die Gesamtkomplexität $K_{\widetilde{T}}$ ist das Maximum aus der Anzahl der Aspekte im Modell und der größten Aspekt-Komplexität K_T:

$$K_{\widetilde{T}} = \max\left(\#\mathfrak{T}, \max_{T \in \mathfrak{T}} K_T(T)\right). \qquad (4.4)$$

Beispiel

Die Schaffung von geeigneten baumartigen Aspekten ist zentraler Bestandteil der Unternehmensmodellierung. Bei der ELEKTRO sind dies z. B. eine baumartige Abteilungsstruktur, eine baumartige Struktur der Fertigprodukte und Rohstoffe sowie baumartige Unterteilungen der Vertriebsstrukturen (Abb. 4.3).

4.1.2 M-Relation

In den meisten Aspekten T existieren Variablen, deren Werte auch von Variablen aus anderen Aspekten abhängen. Die Variablen können die Blätter der entsprechenden Aspekte sein, sich jedoch auch auf höheren Hierarchieebenen befinden. Um die Abhängigkeiten zwischen zwei Aspekten zusammenzufassen, wird die Äquivalenzrelation $\widetilde{M}$ definiert. Diese zerlegt eine Teilmenge der Transitionen in die Äquivalenzklassen M, die sogenannten M-Klassen.

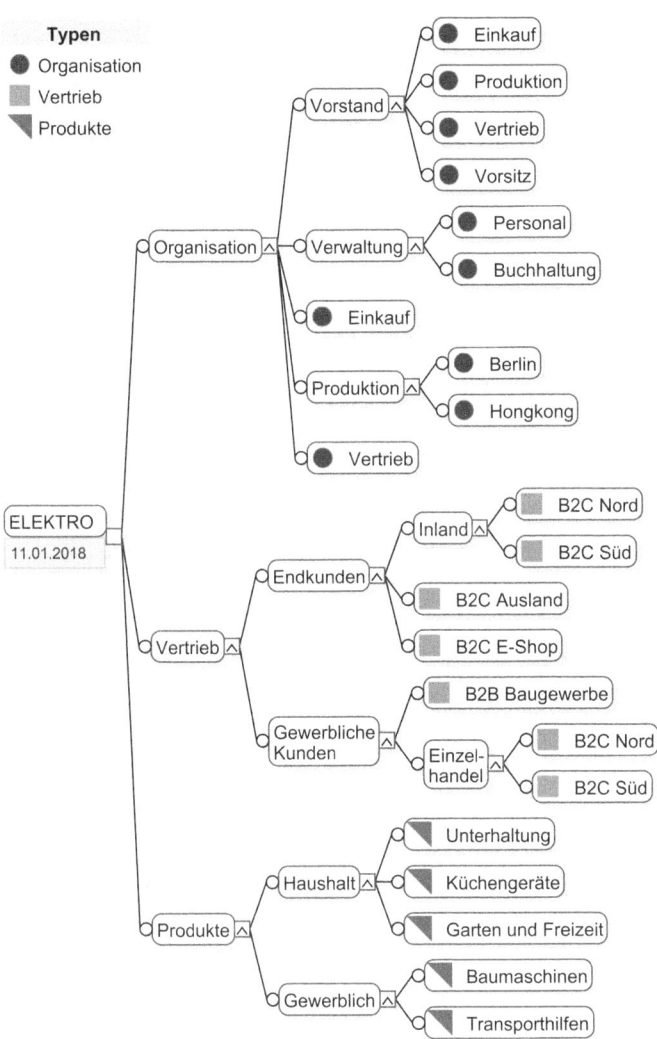

Abb. 4.3 Wichtige Aspekte der ELEKTRO

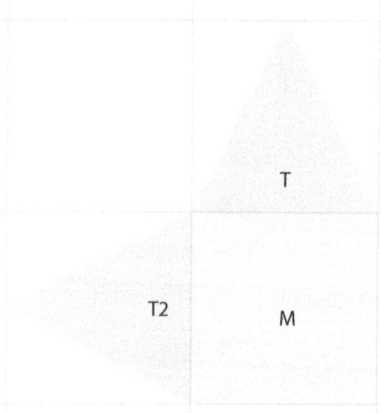
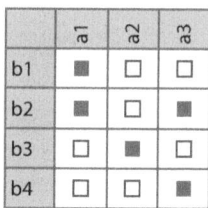

Abb. 4.4 Beispiel einer Matrixdarstellung für eine qualitative M-Klasse zwischen dem Aspekt $T_1 = (a_1, b_2, b_3)$ und $T_2 = (b_1, b_2, b_3, b_4)$. In der rechten Tabelle sind die in der M-Klasse enthaltenen Transitionen dargestellt

Es seien T_i, T_j zwei verschiedene Aspekte. Die Variablen von T_i bzw. T_j besitzen die Transitionen G_i bzw. G_j. Zwei Transitionen $g_i \in G_i$ und $g_j \in G_j$ sind zueinander äquivalent bezüglich $\widetilde{M}$, geschrieben $g_i \, \widetilde{M} \, g_j$, falls die Parameter der einen Transition gänzlich im jeweils anderen Aspekt enthalten sind, d. h.

$$\Theta(g_i) \subset T_i \ \wedge \ \Theta(g_j) \subset T_j. \tag{4.5}$$

Auf diese Weise entstehen Mengen M von Transitionen, die paarweise matrixartige Abhängigkeiten zwischen Aspekten ausdrücken. Die Menge aller erzeugten Äquivalenzklassen bezüglich $\widetilde{M}$ wird als $\mathfrak{M}$ notiert.

Die Transitionen einer von $\widetilde{M}$ erzeugten Äquivalenzklasse stellen für Menschen verständliche Teilabhängigkeiten des Systems dar, z. B. die Zuständigkeiten der Mitarbeiter einer Abteilung für die unterschiedlichen Produkte des Unternehmens oder die Abhängigkeiten zwischen Projekten und entstehender Software.

Eine M-Klasse wird in einem *TAM*-Diagramm als Rechteck dargestellt und deren Inhalt als Tabelle zwischen den beiden zugehörigen Aspekten (s. Abb. 4.4). In dieser Darstellung sind die in der betrachteten M-Klasse enthaltenen Transitionen qualitativ dargestellt; es können aber auch quantitative Abhängigkeiten wiedergegeben werden (s. Abb. 4.5). Fasst man ausgehend von dieser Matrix alle Variablen zusammen, die direkt oder über andere Variablen voneinander abhängig

Typen ■ Vertrieb ◤ Produkte	B2C Nord ■	B2C Süd ■	B2C Ausland ■	B2C E-Shop ■	B2B Baugewerbe ■	B2B Einzelhandel Nord ■	B2B Einzelhandel Süd ■	Gastro Deutschland ■	Gastro EU ■	Gastro Non-EU ■	Summe
◤ Unterhaltung	0,33	0,20		0,47							1,00
◤ Küchengeräte				0,10				0,50	0,20	0,20	1,00
◤ Garten und Freizeit	0,30	0,60	0,10								1,00
◤ Baumaschinen					1,00						1,00
◤ Reinigungsmaschinen							0,90	0,05	0,05		1,00
◤ Transporthilfen					1,00						1,00

Abb. 4.5 Die Matrix stellt dar, mit welchem Anteil die verschiedenen Produkte über einen bestimmten Vertriebskanal vertrieben werden

sind, so entstehen disjunkte Mengen $h \in H(T_i, T_j)$ von untereinander verbundenen Variablenpaaren, wobei $H(T_i, T_j)$ die Gesamtmenge dieser disjunkten Mengen für die beiden Aspekte T_i und T_j bezeichnet. Die Anzahl von Variablenpaaren in einer Menge h wird als *Länge* bezeichnet und mit $l(h)$ notiert. Im Beispiel von Abb. 4.4 ist $H(T_1, T_2)$ gegeben durch die zwei Mengen

$$h_1 = \{(a_2, b_3)\} \text{ und } h_2 = \{(a_1, b_1), (a_1, b_2), (a_3, b_2), (a_3, b_4)\} \qquad (4.6)$$

mit $l(h_1) = 1$ und $l(h_2) = 4$. Die Matrix-Komplexität $K_M(M)$ einer M-Klasse ist definiert als die maximale Anzahl von untereinander abhängigen Variablenpaaren zweier Aspekte T_i, T_j:

$$K_M(M) = \max \left(l(h) \,\middle|\, h \in H(T_1, T_2) \right) \qquad (4.7)$$

Im vorliegenden Beispiel $K_M(M) = 4$. M-Klassen mit einer größeren Komplexität als 7 sind für Menschen in der Regel sehr schwer zu verstehen und zu handhaben.

Analog zur Aspekt-Komplexität aus Abschn. 4.1.1 ist die Gesamtkomplexität $K_{\widetilde{M}}$ der M-Klassen definiert als Anzahl der M-Klassen des Modells und der größten M-Komplexität der enthaltenen M-Klassen:

$$K_{\widetilde{M}} = \max \left(\#\mathfrak{M}, \max_{M \in \mathfrak{M}} K_M(M) \right). \qquad (4.8)$$

Zusätzlich wird dem Gesamtsystem eine Komplexität zugeordnet, die dem Maximum aus $K_{\widetilde{M}}$ und $K_{\widetilde{T}}$ entspricht. Die Zahl

$$K_{TM} = \max\left(K_{\widetilde{M}}, K_{\widetilde{T}}\right) \tag{4.9}$$

wird die TM-Komplexität eines E-Systems genannt.

Beispiel

Bei der ELEKTRO kann der Zusammenhang zwischen Rohstoffen und den daraus produzierten Waren als M-Klasse dargestellt werden. Zusätzlich kann auch z. B. auch dargestellt werden, welcher Anteil eines bestimmten Fertigproduktes über einen bestimmten Vertriebskanal vertrieben werden kann oder welches Personal für die Produktion zuständig ist. Das resultierende TAM-Diagramm aller erfassten Abhängigkeiten für die ELEKTRO ist in Abb. 4.6 abgebildet.

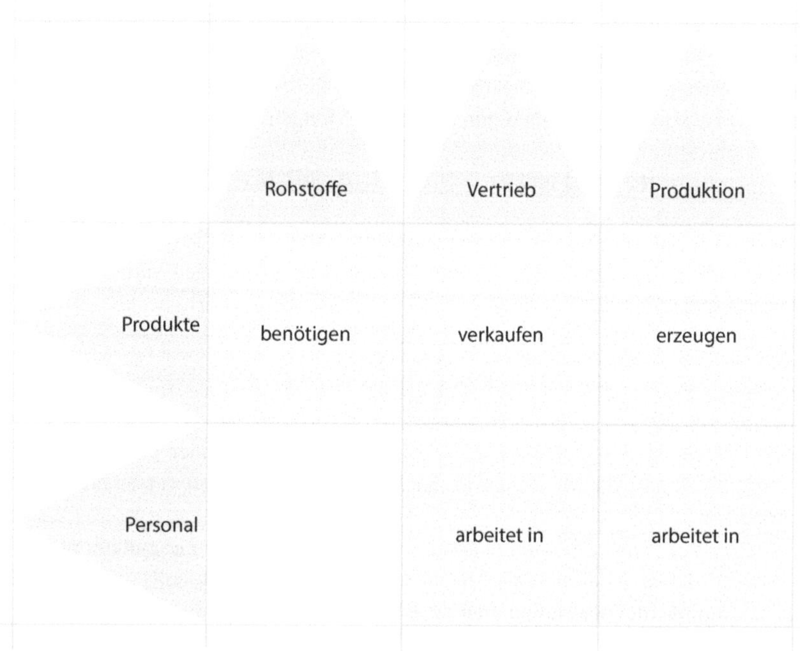

	Rohstoffe	Vertrieb	Produktion
Produkte	benötigen	verkaufen	erzeugen
Personal		arbeitet in	arbeitet in

Abb. 4.6 *TAM*-Diagramm für verschiedene Aspekte der ELEKTRO

4.1.3 A-Relation

Die Menge der Transitionen $G = G_A \cup G_{\bar{A}}$ wird in die Teilmenge der attributierenden und nicht-attributierenden Transitionen $G_A, G_{\bar{A}}$ zerlegt. Die in der A-Klasse enthaltenen Variablen dürfen nur als Parameter in G_A auftreten. Die Trennung in G_A und $G_{\bar{A}}$ erlaubt die Abgrenzung zwischen strukturerzeugenden und nicht-strukturerzeugenden Variablen. Eine Vielzahl von Attributen erhöht nicht die statische Komplexität eines Systems, da die durch die Attribute entstehenden Abhängigkeiten nicht näher mit den in Kap. 5 beschriebenen Projektionsoperatoren analysiert werden.

Bei der Berechnung der Aspekt-Komplexität K_T und der Gesamtkomplexität $K_{\widetilde{T}}$ werden die in der A-Klasse enthaltenen Variablen nicht berücksichtigt.

Beispiel
Die verschiedenen Produkte der ELEKTRO werden eine Vielzahl von Eigenschaften besitzen (z. B. Farbe, Größe, Leistung, Schutzklasse), die in einem entsprechenden Produktkatalog verwaltet werden. Hierbei ist es für die operative Tätigkeit der ELEKTRO nicht relevant, wie viele Attribute eines Produktes dort gepflegt werden, solange diese Variablen nicht in einer M-Klasse auftreten und auf diese Art Abhängigkeiten in der Gesamtstruktur erzeugen (Abb. 4.7). Bei ELEKTRO bedeutet dies, dass die Farbe einer Kaffeemaschine keine strukturellen Abhängigkeiten erzeugt, also eine Vielzahl von verschiedenen Farben produziert werden kann, ohne dass die Produktion signifikant komplizierter wird. Die Leistungsaufnahme der Kaffeemaschine ist aber kein Attribut, da aufgrund der gesetzlichen Regelung viele Abhängigkeiten in den Bereichen Vertrieb, Qualitätssicherung, Produktionssteuerung u.s.w. besteht.

4.2 Die Dynamik von E-Systemen

Menschen versuchen in aller Regel Systeme so zu entwerfen, dass sie die angestrebte Wertschöpfung möglichst zuverlässig und vorhersagbar erreichen. Dies ist aufgrund der Rahmenbedingungen der realen Welt nicht immer möglich. Dennoch weisen E-Systeme häufig bewusst eingebaute Eigenschaften auf, um die Vorhersagbarkeit zu verbessern.

- Vermeidung von kombinatorischer Explosion
  Es gibt viele E-Systeme, die keine stochastischen Variablen aufweisen. Hierdurch ist sichergestellt, dass deterministische Dynamiken entstehen. Eine kom-

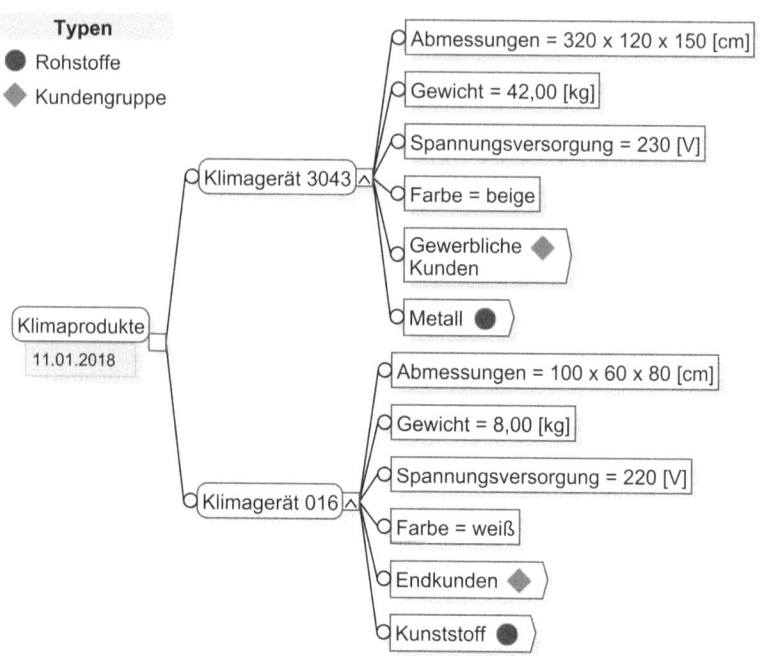

Abb. 4.7 Beispiel für Attribute von Produkten der ELEKTRO. Hierbei gilt für $v =$ Klimagerät 3043, dass {Abmessungen, Gewicht, Spannungsversorgung, Farbe} Attribute des Klimagerätes sind, während die Tatsache, dass das Klimagerät aus Metall besteht und an gewerbliche Kunden verkauft wird, weitere Abhängigkeiten in andere Aspekte darstellen und somit Teil von M-Klassen sind

binatorische Explosion durch eine Folge von stochastisch abhängigen Bifurkationspunkten tritt nicht auf. Bei einigen E-Systemen ist dies aber nicht möglich, da Effekte der realen Welt inkludiert werden müssen, die nur auf diese Weise beschreibbar sind. Eine kombinatorische Explosion durch eine Folge von Bifurkationspunkten wird dann jedoch häufig durch ein intelligentes Systemdesign vermieden.

Beispiel

Die Produktionsmanager der ELEKTRO werden darauf achten, dass ein bestimmtes Produkt (hier ein Küchengerät) nicht auf hundert verschiedene Weisen durch eine Vielzahl von beliebig kombinierbaren Einzelschritten gefertigt, sondern immer mit demselben, möglichst einfachen Prozess hergestellt wird.

- Vermeidung von unbekannten Einzeleffekten
  In der Regel wird die Verwendung von stochastischen Variablen mit unklaren oder zu ungenau bekannten Verteilungen vermieden.

Beispiel

Hierbei werden nicht vorhersehbare oder schlecht reproduzierbare Einzelschritte vermieden. So wird explizit darauf geachtet, dass es keinen „genialen Mitarbeiter" gibt, der die Elektronik der Geräte „irgendwie ans Laufen bringt", sondern es werden nachvollziehbare, reproduzierbare Abläufe festgelegt.

- Vermeiden von temporaler Unschärfe
  Eine korrekte Vorhersage der Dynamik des Realen Systems funktioniert schon bei einem relativ großen Δt [1]. Der Zwang zum Übergang zu einem infinitesimal kleinen Δt vieler N-Systeme tritt nicht auf.

Beispiel

Die ELEKTRO ist sehr gut beraten, wenn es seine Produktionsabläufe so steuert, dass alle Kontroll- und Fertigungsabläufe im Rahmen der kaufmännisch sinnvollen Parameter so robust wie möglich gegen zeitliche Verschiebungen, beispielsweise durch den Ausfall von Maschinen, sind. Die Notwendigkeit einer unnötig genau getakteten Steuerung der Logistik wird vermieden, da sie nicht notwendig ist und nur zusätzliche Risiken verursacht.

E-Systeme besitzen immer endliche Episoden, da nur so die Wertschöpfung festgestellt werden kann. Episoden, die zu lang werden, ohne dass die Wertschöpfung eintritt, werden in der Regel aus Kosten- oder Sicherheitsgründen erzwungen beendet und somit endlich gemacht.

4.3 Die Wertschöpfung von E-Systemen

E-Systeme werden von Menschen entworfen, um einen Zweck zu erfüllen. Aus diesem Grund besitzen alle E-Systeme eine Wertschöpfung und den zugehörigen Wertschöpfungsindikator. Bei der praktischen Berechnung von W können zwei Probleme auftreten, die aber in der Praxis zumindest algorithmisch lösbar sind:

---

[1] Ist dies nicht der Fall, kann keine technisch zuverlässige Realisierung des Systems erreicht werden.

- Das Halteproblem [1] bei der Bestimmung der Wertschöpfung wird in aller Regel dadurch gelöst, dass zu lange Episoden abgebrochen werden.
- Die Menge der erlaubten Anfangskonfigurationen ist häufig endlich oder zumindest aufzählbar, so dass ein μ-rekursives Verfahren [1] verwendet werden kann, um W für ein gegebenes μ zu berechnen.

Beispiel

Die ELEKTRO überwacht die Durchlaufzeiten von Aufträgen und steuert alle Aufträge mit zu langer Laufzeit in ein Incident-Management aus.

4.4 Die Trägheit von E-Systemen

Die Frage nach der Trägheit von E-Systemen ist in der Praxis eine sehr relevante Fragestellung, da man häufig darauf angewiesen ist, Systeme mit möglichst kleinem Aufwand ändern zu können. Es ist jedoch häufig so, dass die Übergangsenergie (gemessen in Geld und/oder Zeit) nur mit hohem Aufwand und einer gewissen Unsicherheit ermittelt werden kann.

Beispiel

ELEKTRO möchte seine Prozesse im Bereich Reklamation vereinfachen und hierzu die Abläufe verschiedener Standorte in einem neuen Center konzentrieren, dass in einem Billiglohnland lokalisiert ist. Die Erstellung der zugehörigen Rentabilitätsrechnung ist komplex, kostenintensiv und langwierig. Trotzdem ist unklar, bis zu welchem Grade die Abschätzung die real eintretenden Effekte sicher vorhersagt.

Die Ermittlung der Menge von wertschöpfungsgleichen E-Systemen mit niedrigerer Trägheit ist eine kreative Tätigkeit, so dass sie bei Realen Systemen normalerweise nicht vollständig automatisch ermittelt werden kann. Es gibt keinen Automaten, der Business Cases erstellen kann. Eine systematische Untersuchung der Trägheit von E-Systemen ist ein bisher kaum erforschtes Gebiet.

4.5 Zusammenfassung der Eigenschaften von E-Systemen

E-Systeme weisen normalerweise eine deutlich geringere statische Komplexität als N-Systeme auf. Die Statik weist immer wiederkehrende Strukturen (T- und M-Klassen) auf, die die Verständlichkeit deutlich erhöhen und Ansatzpunkte für eine Analyse der Statik bieten, z. B. mit Hilfe von *TAM*-Modellen. Die Dynamik von E-Systemen ist häufig mit einer guten Genauigkeit bei relativ großem Δt vorhersagbar. Die Trägheit von E-Systemen ist zwar prinzipiell definiert, aber in der Praxis schwer zu ermitteln. Darunter ist eine Anordnung verschiedener M-Klassen zu verstehen, die die Wertschöpfungskette abbilden. Die Zusammenfassung dieser Erfahrungen mit E-Systemen bildet die *TAM-These*:

TAM-These
In der Statik aller menschgemachten Systeme ist die *TAM*-Eigenschaft immer wiederzufinden.

Die *TAM*-Eigenschaft besagt, dass für das System aussagekräftige *TAM*-Klassen gefunden werden können, unabhängig davon ob die Systeme gut beherrschbar sind oder nicht.

Die gut beherrschbaren E-Systeme unterscheiden sich von den nicht gut beherrschbaren S-Systemen dadurch, dass sie eine TM-Komplexität $K_{TM} \leq 7$ besitzen. Sie besitzen eine gut berechenbare Wertschöpfung und vermeiden temporale Unschärfe sowie eine hohe Zahl an stochastischen Variablen.

Diese These schließt nicht aus, dass es auch Fälle gibt, in denen die Prinzipien nicht angewendet wurden oder durch spätere Veränderungen verloren gegangen sind (siehe Slipped Systems). Es gibt auch Fälle, in denen diese Prinzipien bewusst verletzt worden sind, z. B. indem durch Einführung von stochastischen Variablen gezielt eine möglichst unvorhersehbare Dynamik erzeugt worden ist (man betrachte das Gerät zum Ermitteln der Lottozahlen).

Literatur

1. John E. Hopcroft, Rajeev Motwani, and Jeffrey D. Ullman. *Einführung in die Automatentheorie, Formale Sprachen und Komplexitätstheorie*. Pearson Studium, 2002.
2. F. Keil R. A. Wilson. *The MIT Encyclopedia of the Cognitive Sciences (MITECS)*. 1999.
3. Günter Wöhe and Günter Wöhe. *Einführung in die allgemeine Betriebswirtschaftslehre: Hauptband. Hauptband, 2.* Vahlen, 1962.

Projektionen auf *E*- und *S*-Systemen

5

Modelle von *E*-Systemen, die auf den *TAM*-Relationen basieren, lassen sich gut erweitern und kommunizieren. Die Verständlichkeit beruht auf drei Prinzipien, die sich in ähnlicher Form auch in den üblichen Konstruktionsmethoden von Ingenieur- und Wirtschaftswissenschaften wiederfinden [3]:

- Probleme werden durch Zerlegen in baumartig-abhängige Komponenten verständlich gemacht (Modularisierung, Divide and Conquer [1], hierarchische Dekomposition), da bei Überlegungen in einem Baum häufig nur der aktuelle Knoten und sein Unterkonten bedacht werden müssen.

Beispiel
Wenn die Unternehmensorganisation der ELEKTRO die Gesamtstruktur der operativen Einheiten analysieren möchte, so genügt es, über die Abteilungen als Ganzes nachzudenken. Eine detaillierte Analyse der mehreren tausend Mitarbeiter innerhalb der Abteilung ist nicht zielführend.

- Komplexere, nicht-hierarchische Abhängigkeiten werden in kleinere Teilabhängigkeiten zerlegt, die nur zwei Aspekte betreffen. Die komplexeren Abhängigkeiten zwischen mehreren Aspekten werden meist einfach ignoriert oder bei der Konstruktion des Realen Systems minimiert, da sie von Menschen ohnehin nicht verstanden und beherrscht werden können.

Beispiel
Das Image von Elektroprodukten hängt von verschiedenen Faktoren wie z. B. Produktion, Service, Vertrieb, Zulieferern, Rohstoffen, Marketing, ... ab. Die Erfahrung hat gezeigt, dass ein Projekt zur Verbesserung des Images nicht alle diese Faktoren auf einmal adressieren sollte. Stattdessen ist es sinnvoller, eine Folge von eher kleinen Projekten zu starten, die jeweils nur für ein bis zwei Aspekte die Wirkung auf das Image verbessern.

© Springer Fachmedien Wiesbaden GmbH 2018
U. Beyer et al., *Mensch und System*, https://doi.org/10.1007/978-3-658-21058-8_5

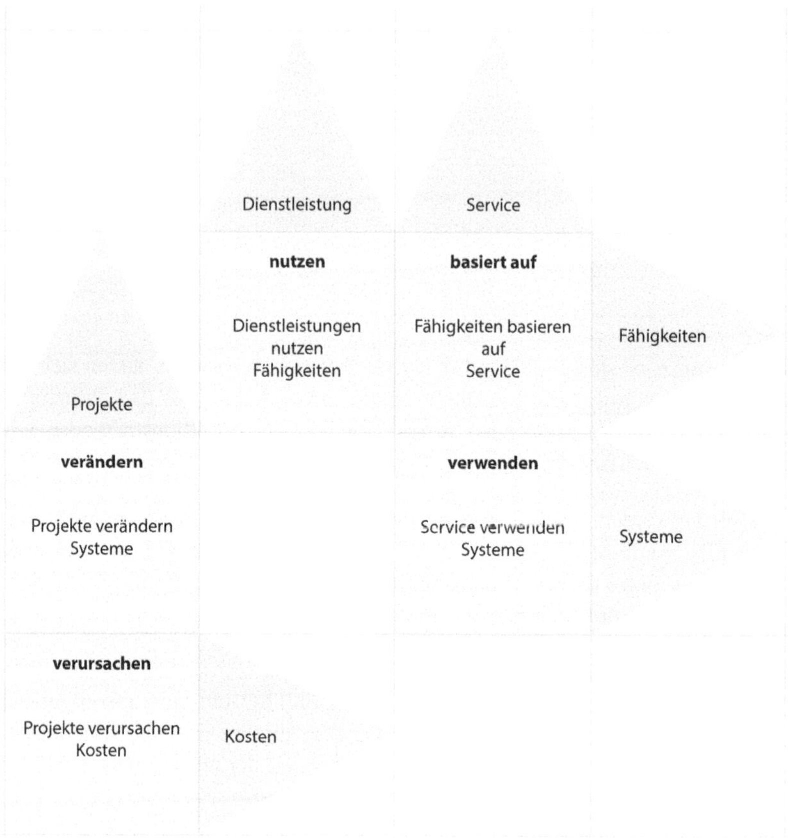

Abb. 5.1 Beispiel eines *TAM*-Netzes für ein einfaches Modell zum Projektportfolio-Management

- Zusatzinformationen zu Komponenten des Systems werden in Katalogen aus Attributen zusammengefasst. Dies ist immer dann möglich, wenn diese Information keine unmittelbare Relevanz für die M-Relationen sowie für das Verständnis der T-Relationen haben. Kataloge können sehr groß werden und bleiben dennoch verständlich, da sie keinen Einfluss auf die Statik eines Systems haben. In der Regel enthalten Kataloge Tupel der Form (Gegenstand, Eigenschaften).

Einige T- und M-Klassen sind durch ihre Variablen bzw. die zugehörigen Transitionen miteinander verbunden. Hierdurch entsteht eine netzartige Topologie aus T- und M-Klassen, die sich in Schaubildern in der Art von Abb. 5.1 darstellen lassen.

Die TAM-Zerlegung ermöglicht es, Auswertungen durchzuführen, die Fragen über das System beantworten. Zu diesem Zwecke werden Projektionsoperatoren auf den T- und M-Klassen definiert. Die Ausdrücke erzeugen immer eine baumartige Projektion des Modells, einen Ergebnisbaum, und arbeiten so, dass ihr Berechnungsaufwand für E-Systeme logarithmisch mit der Größe des Modells skaliert.

Für die folgenden Definitionen gilt: Es sei ein beliebiges E-System $\varphi \in \Phi_E$ mit der Statik $S(V, G)$ gegeben. Die Projektionsoperatoren, die die Menge Γ_S aufspannen, arbeiten auf den folgenden Parametern:

- dem unterliegenden E-System φ. Dieses wird nicht explizit notiert.
- einer Teilmenge der Variablen, $\alpha \subset V$, die der *Fokus* des Operators genannt wird.
- einem *Ergebnisbaum C*.

Alle weiteren Notationen werden an gegebener Stelle eingeführt.

5.1 T-Operator (Teilbaum-Operator)

Sei $T_i \in \mathfrak{T}$ ein Aspekt des Systems φ. Der Operator $\overrightarrow{T}$ bewirkt die Projektion von T_i auf den Ergebnisbaum C, indem er ausgehend von einer Variablen $v \in T_i$ nur die v untergeordneten Knoten und Transitionen darstellt:

$$\overrightarrow{T} : (T_i, v) \mapsto C. \tag{5.1}$$

Die $\overrightarrow{T}$-Projektion ist in Abb. 5.2 veranschaulicht. Der $\overrightarrow{T}$-Operator wird in einem TAM-Netz durch einen Pfeil vom Stamm zu den Blättern des zugehörigen Aspekts dargestellt (Abb. 5.3). Wenn der Fokus des Operators aus dem Kontext ersichtlich ist, so kann für das Ergebnis der Projektion auch die Kurzschreibweise

$$\overrightarrow{T} T_i = \overrightarrow{T_i} = C \tag{5.2}$$

verwendet werden.

Abb. 5.2 Beispiel für die
Wirkung eines T-Operators
mit Fokus $\alpha = \{a_1\}$

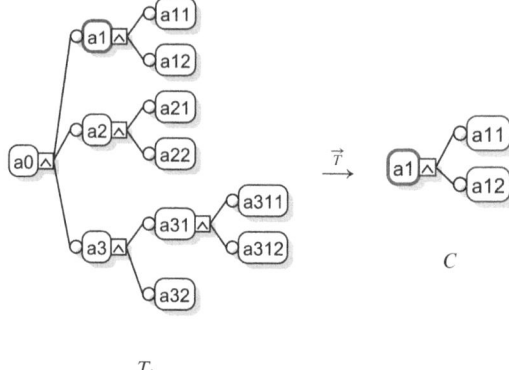

T_i

Abb. 5.3 Beispiel für ein
TAM-Netz mit der Darstellung eines T-Operators

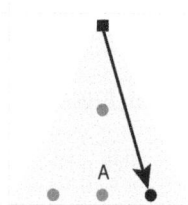

5.2 Inverser T-Operator $\overleftarrow{T}$

Der inverse T-Operator $\overleftarrow{T}$ bewirkt, dass an jeden fokussierten Knoten $v \in \alpha$ eines
Aspektes T_i die übergeordneten Knoten angehängt werden. Die Schreibweise ist
analog zu der des T-Operators

$$\overleftarrow{T} : (T_i, \alpha) \mapsto C \tag{5.3}$$

Hier kann ebenfalls die Kurzschreibweise

$$\overleftarrow{T} T_i = \overleftarrow{T_i} = C \tag{5.4}$$

verwendet werden, falls der Fokus aus dem Kontext ersichtlich ist.

Im Beispiel in Abb. 5.4 erzeugt der Operator $\overleftarrow{T}$ erzeugt aus dem linken Aspekt
T_i in den rechten Ergebnisbaum C. Der Fokus des Operators sind die Blätter $\alpha = \{a_{11}, a_{312}\}$.

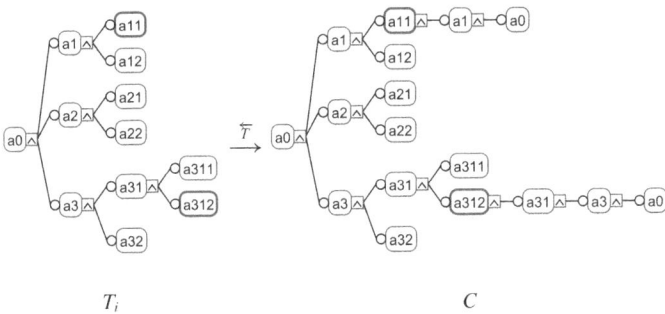

$$T_i \qquad\qquad\qquad C$$

Abb. 5.4 Beispiel für die Wirkung des inversen T-Operators mit Fokus $\alpha = \{a_{11}, a_{312}\}$

Abb. 5.5 Beispiel für ein *TAM*-Netz mit der Darstellung eines inversen T-Operators

Der inverse T-Operator wird in einem *TAM*-Netz durch einen Pfeil von den Blättern zum Stamm dargestellt (Abb. 5.5).

5.3 Attribut-Operator

Der Attribut-Operator $\odot$ hängt die Attribute der im Fokus stehenden Variablen α eines Aspektes T_i an die entsprechenden Knoten und liefert den zugehörigen Ergebnisbaum C. Es wird geschrieben als

$$\odot(T_i, \alpha) \mapsto C. \qquad (5.5)$$

Die Operation ist beispielhaft in Abb. 5.6 gezeigt. Es handelt sich hierbei um eine spezielle Anwendung des Vereinigungsoperators, der in Abschn. 5.5 eingeführt wird.

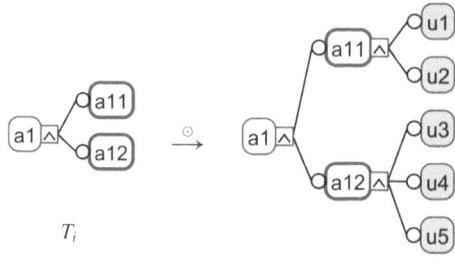

Abb. 5.6 Beispiel für die Wirkung des Attribut-Operators $\odot$ mit Fokus $\alpha = \{a_{11}, a_{12}\}$. Die gelb hinterlegten Knoten $u_1, \ldots, u_5$ sind Attribute

5.4 M-Operator (Verknüpfungsoperator)

Sind zwei Aspekte $T_i, T_j \in \mathfrak{T}$ eines Systems durch eine M-Klasse $M \in \mathfrak{M}$ miteinander verknüpft, so hängt der M Operator $\overleftrightarrow{M}$ jene Variablen von T_j, für die eine Verknüpfung zu den Variablen von T_i besteht, an die Variablen von T_i an. Zwei Variablen $v_a \in T_i$ und $v_b \in T_j$ heißen *verknüpft*, wenn $v_a \in \Theta(g_b)$ oder $v_b \in \Theta(g_a)$ gilt. Die Verknüpfung ist somit ungerichtet. Der M-Operator wird geschrieben als

$$\overleftrightarrow{M} : (T_i, T_j, M) \mapsto C. \tag{5.6}$$

Da es sich um eine Operation auf zwei Aspekten handelt, kann auch die Kurzschreibweise

$$T_i \overleftrightarrow{M} T_j = C \tag{5.7}$$

verwendet werden. In Abb. 5.7 sind die Aspekte T_i, T_j, die entsprechende M-Klasse und das Ergebnis der $\overleftrightarrow{M}$-Operation gezeigt.

Die Wirkung des $\overleftrightarrow{M}$-Operators wird in *TAM*-Netzen als Verbindungslinie durch den M-Bereich hindurch dargestellt (Abb. 5.8).

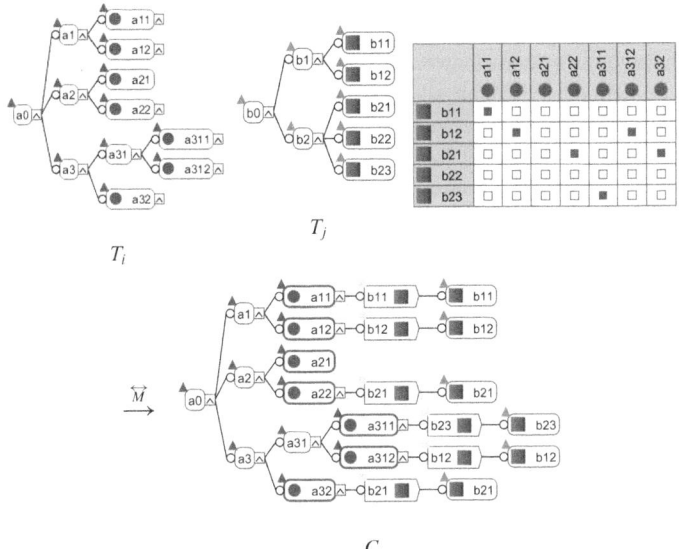

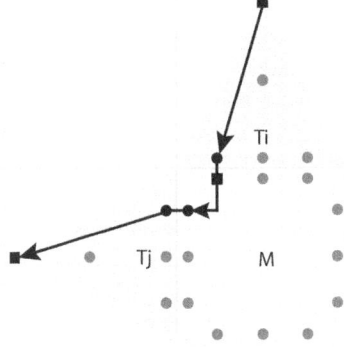

Abb. 5.7 Die Aspekte T_i, T_j (*links oben, links unten*) werden unter Berücksichtigung der Verknüpfungsmatrix (*oben rechts*) durch den Operator $\overset{\leftrightarrow}{M}$ zu dem Ergebnisbaum (*unten rechts*) kombiniert. Die Verknüpfung wird durch einen zusätzlichen, eckigen Knoten (Link-Knoten) dargestellt. Als Fokus sind hier die Blätter von T_j gewählt

Abb. 5.8 Beispiel für die Darstellung eines $\overset{\leftrightarrow}{M}$-Operators in einem *TAM*-Netz

5.5 Vereinigungsoperator

Der Vereinigungsoperator $\oplus$ erzeugt aus zwei Bäumen B_i und B_j den Ergebnisbaum C, indem die Teilbäume von gemeinsamen Variablen vereinigt werden. Dies geschieht, indem für jede gemeinsame Variable $v \in B_i \wedge v \in B_j$ der von v im Ergebnisbaum C ausgehende Teilbaum die Vereinigung der beiden Teilbäum von v in B_i und B_j darstellt. Duplikate werden eliminiert, d. h. ein Knoten besitzt nicht dieselbe Variable als zwei verschiedene Unterknoten. B_i und B_j können Aspekte sein oder Ergebnisbäume, die aus der vorherigen Anwendung von Operatoren auf das Modell entstanden sind. Der praktische Nutzen von $\oplus$ ist es, Informationen, die über mehrere Aspekte verteilt sind und miteinander verknüpft sind, in einem Ergebnisbaum darzustellen.

Der Vereinigungsoperator wird wie folgt notiert:

$$\oplus : (B_i, B_j) \mapsto C. \tag{5.8}$$

Die Kurzschreibweise lautet:

$$B_i \oplus B_j = C. \tag{5.9}$$

Wie die Addition im Raum der reellen Zahlen ist die Vereinigungsoperation $\oplus$ assoziativ und kommutativ und kann deshalb auf n Argumente erweitert werden:

$$C = B_1 \oplus B_2 \oplus \ldots \oplus B_n. \tag{5.10}$$

Die Vereinigung kann eingeschränkt werden, indem der Fokus des Operators als die Menge von Variablen definiert wird, deren Unterbäume von B_i Vereinigung erfahren sollen. Dies wird dann geschrieben als

$$\oplus : (B_i, B_j, \alpha) \mapsto C. \tag{5.11}$$

Die Wirkung von $\oplus$ mit Fokus ist in Abb. 5.9 illustriert. Wird wie in (5.8) kein Fokus definiert, ist die maximale Vereinigung gemeint, d. h. $\alpha = v \in B_i \cup B_j$.

Der Fall, dass es sich bei den Bäumen B_i und B_j auch um Ergebnisbäume handeln kann, lässt sich anhand des folgenden Beispiels illustrieren. Der Ergebnisbaum C

$$\left(\overrightarrow{T_i} \overleftrightarrow{M} \overleftarrow{T_j} \right) \oplus \left(\overrightarrow{T_i} \overleftrightarrow{M} \overleftarrow{T_k} \right) = C \tag{5.12}$$

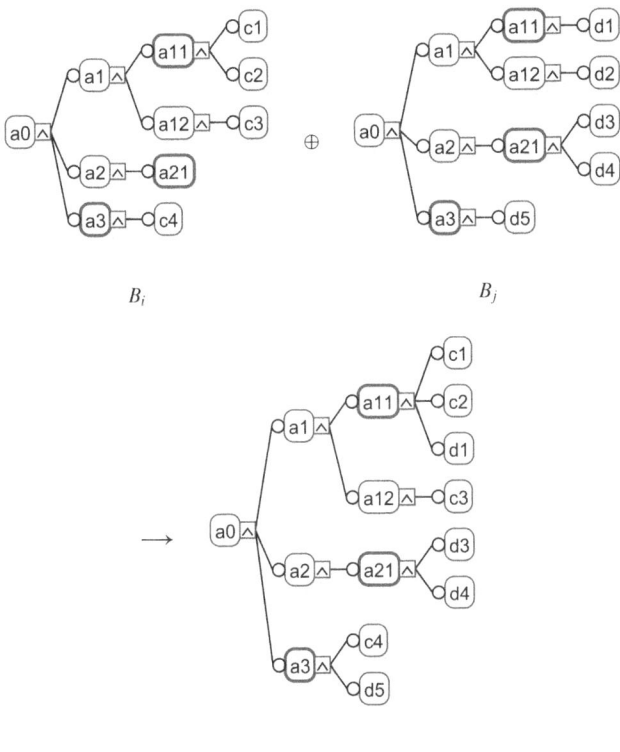

Abb. 5.9 Die Bäume B_i, B_j (*links oben, rechts oben*) werden durch den Operator $\oplus$ zum Ergebnisbaum C (*unten*) kombiniert. Der Fokus liegt auf a_{11}, a_{21} und a_3 von B_i

ergibt sich aus Vereinigung der Ergebnisbäume der zweifachen Anwendung des M-Operators auf die Aspekte T_i, T_j und T_k und die zugehörigen M-Klassen M_1 und M_2. Die Ausgangsbäume, Aspekt-Verknüpfungen und der Ergebnisbaum ist in Abb. 5.10 illustriert. Als Fokus wurden die Blätter von T_i gewählt. Die entsprechende Darstellung im *TAM*-Netz ist in Abb. 5.11 gezeigt.

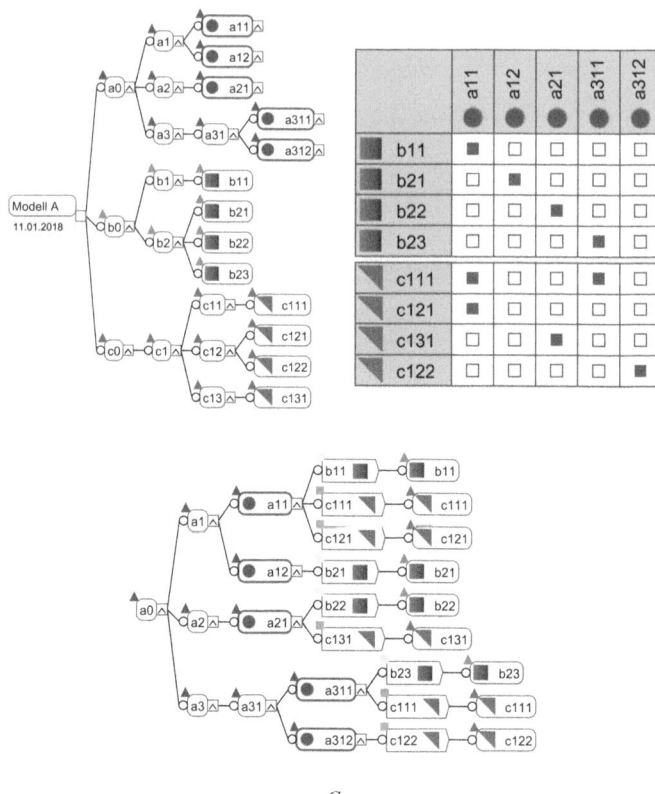

$$C$$

Abb. 5.10 Die Aspekte T_i, T_j und T_k (*links oben*) werden über die M-Klassen M_1 und M_2 (*rechts oben*) verbunden. Die Anwendung des Vereinigungsoperators wie in (5.12) dargestellt liefert den Ergebnisbaum C (*unten*)

Abb. 5.11 Darstellung des
Vereinigungsoperators ⊕
in einem *TAM*-Netz für das
Beispiel aus (5.12)

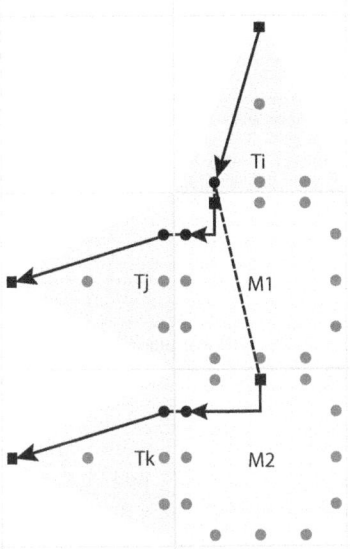

5.6 Nebenbedingungen für Operatoren

Operatoren aus Γ_S können eine Nebenbedingung in Form eines prädikatenlogischen Ausdrucks P tragen. Dies wird als Index des Operators notiert, also z. B. als $\overleftrightarrow{M}_P$. Der Operator führt die Operation dann nur für solche Elemente des Fokus durch, für die der angegebene Ausdruck P den Wert *wahr* annimmt. In der Praxis sind die Variablen v häufig typisiert, so dass P dazu verwendet werden kann, nur Variablen eines bestimmten Typs zu projizieren. Können die Variablen beispielsweise vom Typ U oder X sein, so kann die Bedingung P wie folgt lauten:

$$P(v) = \begin{cases} wahr, & \text{falls } v \text{ ein Knoten vom Typ } U \text{ ist} \\ falsch, & \text{sonst} \end{cases} \tag{5.13}$$

Als Beispiel ist in Abb. 5.12 der Ergebnisbaum C, gegeben durch

$$C = \overrightarrow{T}_U \tag{5.14}$$

dargestellt. In der Praxis ist die Typisierung von Variablen ein mächtiges und unverzichtbares Werkzeug.

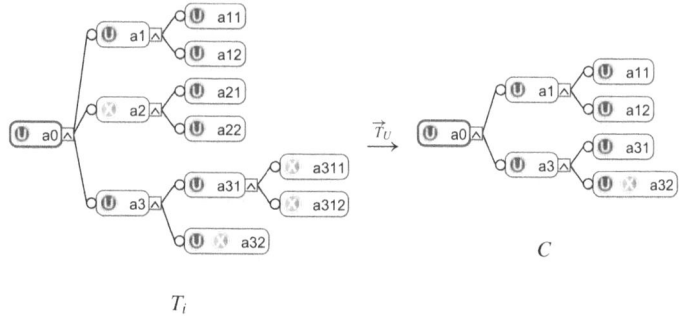

Abb. 5.12 Wirkung eines T-Operators mit Nebenbedingung U, die nur Blätter vom Typ U zulässt

Es sei an dieser Stelle darauf hingewiesen, dass die Anwendung von Operatoren auf T-, M- und A-Klassen zu baumartigen Strukturen führt, die nicht notwendigerweise den Bedingungen von Aspekten (siehe Abschn. 4.1.1) genügen. Insbesondere ist das doppelte Auftreten von Variablen gerade durch aufeinander

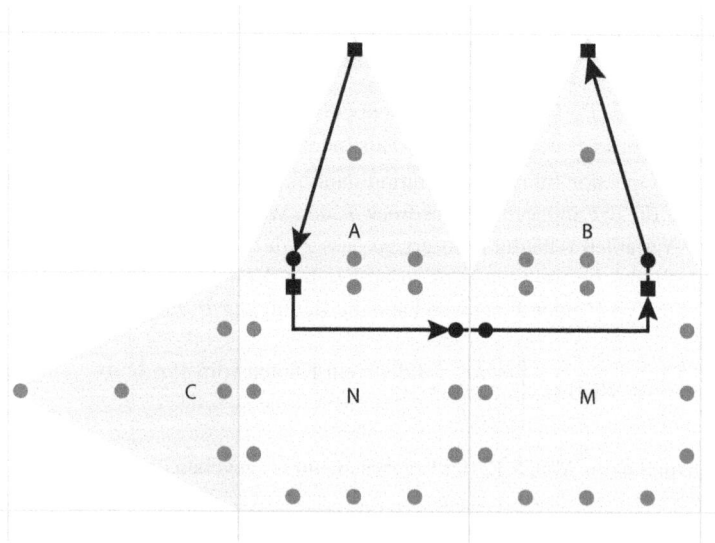

Abb. 5.13 Darstellung der Projektion $\vec{T_i}\,\overleftrightarrow{N}\,\overleftrightarrow{M}\,\overleftarrow{T_j}$ im *TAM*-Netz

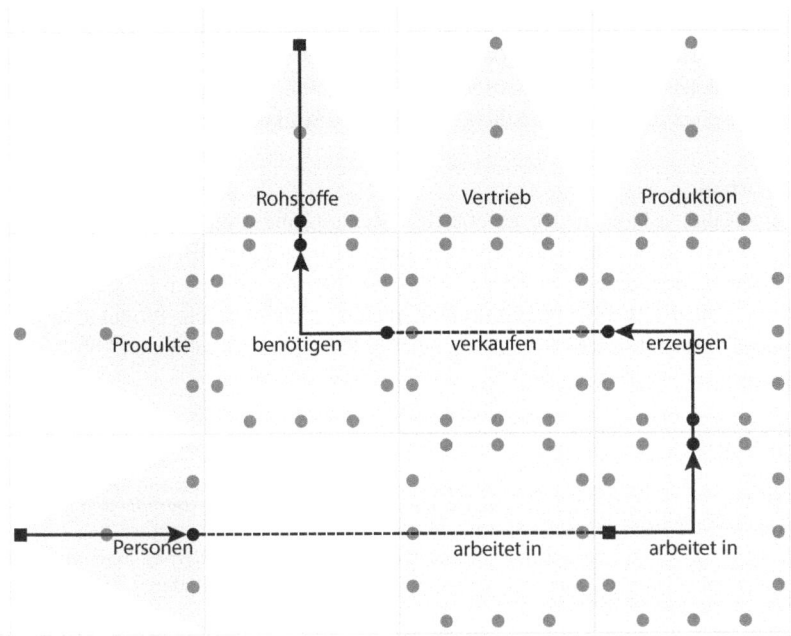

Abb. 5.14 *TAM*-Diagramm einer Projektion, die ermittelt, welche Mitarbeiter mit welchen Rohstoffen in Berührung kommen könnten

folgende Anwendungen von Operatoren möglich, oder auch das mehrfache Abbilden von Transitionen innerhalb einer Baumstruktur. Solche Strukturen können bei der Untersuchung von E-Systemen durchaus sinnvoll sein.

5.7 Ausdrücke auf E-Projektionsoperatoren

Es wurde bereits erwähnt, wie die Ausführung verschiedener Operatoren aus Γ_S hintereinander notiert werden kann. Die Ergebnisse solcher Ausdrücke (E-Ausdrücke) sind immer Bäume. Die Kurzschreibweise ist dann eindeutig, wenn der Fokus aus dem Kontext bekannt ist.

Sind zwei Aspekte T_i, T_j über einen dritten Aspekt T_k miteinander verknüpft, d. h. sind $\overrightarrow{T_i} \overleftrightarrow{N} \overleftarrow{T_k}$ und $\overrightarrow{T_k} \overleftrightarrow{M} \overleftarrow{T_j}$ bekannt, so kann das Ergebnis auch als $\overrightarrow{T_i} \overleftrightarrow{N} \overleftrightarrow{M} \overleftarrow{T_j}$ notiert werden. Dieser Fall ist in Abb. 5.13 dargestellt.

Aufgrund der Baumstruktur der Ergebnisse können diese in der Regel mit Verfahren der Komplexität $\sim \log(n)$ weiter bearbeitet (z. B. dargestellt) werden [2]. E-Ausdrücke erzeugen baumartige, besser verständliche Teilprojektionen aus den für Menschen schwer verständlichen netzartigen Strukturen der Statik.

Beispiel

Im Rahmen einer neuen gesetzlichen Reglung muss die ELEKTRO herausfinden, welche Mitarbeiter mit bestimmten Rohstoffen in Berührung kommen können. Hierzu nutzt es die unten dargestellte Projektion, um herauszufinden, in welchen Teilen der Produktion Mitarbeiter arbeiten, welche Produkte sie dort herstellen und welche Rohstoffe in diesen Produkten vorkommen (Abb. 5.14).

Literatur

1. Thomas H. Cormen, Charles E. Leiserson, and Ronald L. Rivest. *Introduction to Algorithms*. MIT Press, 2000.
2. John E. Hopcroft, Rajeev Motwani, and Jeffrey D. Ullman. *Einführung in die Automatentheorie, Formale Sprachen und Komplexitätstheorie*. Pearson Studium, 2002.
3. Michael A Orloff. Grundlagen der klassischen TRIZ. 2006.

Die E-Wertschöpfungsmatrix

6

In E-Systemen existieren Aspekte T_W, die eine Menge von Teilwertschöpfungen $w_j^\star = \{w_1^\star, \ldots, w_n^\star\}$ enthalten. Die Teilwertschöpfungen sind Variablen, deren Werte angeben, ob eine endliche Episode wichtige Teilschritte zur Erfüllung des Wertschöpfungsindikators $w(\vec{V})$ (s. (1.7)) erreicht hat,

$$w_j^\star = \begin{cases} wahr, & \text{falls der Teilschritt erreicht wurde} \\ falsch, & \text{sonst.} \end{cases} \tag{6.1}$$

Die Abhängigkeiten der Teilwertschöpfungen werden durch die Boolesche Funktion $Q(v_i, w_j^\star)$ beschrieben, die *wahr* ist, wenn $w_j^\star$ von v_i abhängt. Zur Darstellung der Abhängigkeiten zwischen T_W und einem Aspekt T_V werden die einzelnen Einträge $Q_{ij} = Q(v_i, w_j^\star)$ in der Matrix Q zusammengefasst,

$$Q = \begin{bmatrix} Q_{1,1} & \cdots & Q_{1,n} \\ \vdots & \ddots & \vdots \\ Q_{m,1} & \cdots & Q_{m,n} \end{bmatrix}. \tag{6.2}$$

Hierbei ist eine Zeile jeweils einer Variablen v_i und eine Spalte jeweils einer Teilwertschöpfung $w_j^\star$ zugeordnet. Die Variablen werden in diesem Zusammenhang auch als *Komponenten* bezeichnet und bilden die Teilmenge $V' \subset V$. Die Elemente Q_{ij} mit Wert *wahr* werden als Funktionspunkte bezeichnet und die Menge der Funktionspunkte als Q^+. Eine M-Klasse, deren Spalten Variablen aus dem Wertschöpfungsaspekt enthalten, wird als E-Wertschöpfungsmatrix bezeichnet. Die zugeordnete Matrix Q gibt die Abhängigkeiten darin wieder.

Mit Hilfe von Q wird die Wertschöpfungskomplexität K_Q eines E-Systems definiert als Paar aus der Matrix-Komplexität $K_M(Q)$ und der Anzahl der Funkti-

© Springer Fachmedien Wiesbaden GmbH 2018
U. Beyer et al., *Mensch und System*, https://doi.org/10.1007/978-3-658-21058-8_6

onspunkte Q^+,

$$K_Q = \Big(K_M(Q), \#Q^+\Big). \tag{6.3}$$

Die kleinste Anzahl an Funktionspunkten in einer Wertschöpfungsmatrix beträgt $\#V'$. Erfüllt zusätzlich jede Variable aus V' genau einen Teilwertschöpfungsschritt, so besitzt die Q-Matrix die Komplexität $K_Q = (1, \#V')$ und hat Diagonalgestalt. Der Vergleich zweier Komplexitäten kann durch eine Bewertungsfunktion $B(K_Q)$ erfolgen,

$$B : K_Q \mapsto x \in \mathbb{R}, \tag{6.4}$$

die als effektive Wertschöpfungskomplexität bezeichnet wird. Die Definition von B ist stark vom Realen System abhängig und erfolgt unter Berücksichtigung der realen Gegebenheiten. Ein kleinerer Wert von B drückt eine bessere Bewertung aus. Da das E-System ein vereinfachtes Modell der Realität darstellt, haben Schlussfolgerungen aus dem Modell nicht den Anspruch, die Realität exakt zu beschreiben. Der Interpretationsspielraum beim Übergang vom E-System zur Realität drückt sich in B aus. Meist können Systeme mit kleineren Werten von $B(K_Q)$ besser verstanden und betrieben werden. Diese Beobachtung sei in folgender These festgehalten:

Einfacher ist besser
Es besteht die Tendenz, dass Reale (Teil-)Systeme umso besser betrieben und verändert werden können, je kleiner die effektive Wertschöpfungskomplexität der E-Wertschöpfungsmatrix des zugehörigen E-Systems ist.

Es ist an dieser Stelle entscheidend, dass die Komplexität nur auf das Modell bezogen ist. So kann das Auslagern von Komponenten aus dem Modell eine Reduktion von K_Q bewirken und es dadurch vereinfachen, während die zugehörigen realen Prozesse weiter bestehen, aber nicht mehr Teil des Modells sind.

Beispiel
Die ELEKTRO fertigt Transformatoren aus Tradition selber. Deren Produktion betrifft mehrere Wertschöpfungsschritte und benötigt verschiedene Ressourcen. Zur Vereinfachung der Komplexität der Wertschöpfungskette beschließt die Geschäftsführung, die Transformatoren künftig extern liefern zu lassen. Dadurch

müssen sich nur noch Produktionsplanung und Einkauf mit der Beschaffung der Transformatoren beschäftigen, zahlreiche andere Funktionspunkte in der Wertschöpfungsmatrix entfallen. Die Komplexität der Transformatorproduktion besteht weiterhin, ist jedoch nicht mehr Teil des E-Systems ELEKTRO.

Eine E-Wertschöpfungsmatrix eines Realen Systems kann auf vier Arten vereinfacht werden:

- **Einzelne Komponenten tragen zu weniger Wertschöpfungsschritten bei.** Die Anzahl der Funktionspunkte wird reduziert, d. h. $\#Q^+$ wird verkleinert.
- **Die Anzahl der Wertschöpfungsschritte wird verringert.** Die Wertschöpfung wird vereinfacht, d. h. $\#W^*$ wird verkleinert. Dies verringert die Dimension der Matrix Q und damit in der Regel auch die Anzahl der Funktionspunkte $\#Q^+$.
- **Die Anzahl der Komponenten wird verringert.** Die Anzahl der an der Wertschöpfung beteiligten Variablen wird reduziert, d. h. V' wird verkleinert. Dies verringert die Dimension der Matrix Q und damit in der Regel auch die Anzahl der Funktionspunkte $\#Q^+$.
- **Die Komponenten werden möglichst unabhängig voneinander.** Die Matrix-Komplexität $K_M(Q)$ wird vereinfacht durch eine bessere Schneidung der Abhängigkeiten. Die niedrigste Matrix-Komplexität besitzt eine Diagonalmatrix mit $K_M = 1$.

Obwohl Q auf die Dynamik des Systems referenziert, ist Q selber statisch. E-Systeme können mit Hilfe von Q optimiert werden, ohne dass die Dynamik des Systems ausgewertet werden muss. Dies stellt eine Vereinfachung gegenüber prozess- oder datenorientierten Ansätzen dar, wie sie z. B. im Operations Research [1] angewendet werden.

Beispiel

Die IT-Abteilung der ELEKTRO ist in der Kritik, weil es zur Urlaubszeit gehäuft zu Ausfällen der IT kommt. Für den IT-Leiter ist es schwierig, die Ausgaben für IT-Personal und Qualifikationsmaßnahmen gegenüber der Geschäftsleitung zu vertreten. Nach einer Analyse der aktuellen Personaleinsatzplanung ergibt sich das in Abb. 6.1 (oben) dargestellte Bild.

Bei näherer Betrachtung der Personaleinsatzplanung fällt auf, dass die Mitarbeiter sehr querschnittlich eingesetzt werden, was dazu führt, dass die Komplexität $K_Q = (20, 20)$ der Wertschöpfungsmatrix hoch ist. Entsprechend

Abb. 6.1 Bild der Personaleinsatzplanung vor einer Optimierung (*oben*). Die Teilwertschöpfungen sind durch die verschiedenen Funktionen der IT definiert. Die Mitarbeiter bilden die Variablen des Systems. In den Zellen ist als Funktionspunkt dargestellt, wieviel Prozent seiner Arbeitszeit (gemessen als Bruchteile eines Full Time Equivalent (FTE)) der jeweilige Mitarbeiter zu einen Wertschöpfungsschritt beiträgt. Die Komplexität beträgt $K_Q = (20, 20)$. Nach einer Vereinfachung der Personalplanung (*unten*) beträgt die Komplexität $K_Q = (4, 6)$

	Betrieb Rechner	Betrieb Netze	Anwendungssoftware	Sicherheit	Vendor-Management	Summe
Hr· Müller	0,10	0,30	0,05	0,15	0,40	1,00
Hr· Mayer			0,30	0,40	0,30	1,00
Hr· Klaas	0,20	0,70			0,10	1,00
Hr· Friedrich		0,20	0,80			1,00
Hr· Saalberg	2,00			0,80		2,80
Fr· Schnabel	0,10				0,60	0,70
Fr· Fröhling		1,00				1,00
Fr· Petri			0,50		0,50	1,00
Summe	2,40	2,20	1,65	1,35	1,90	9,50

	Betrieb Rechner	Betrieb Netze	Anwendungssoftware	Sicherheit	Vendor-Management	Summe
Ⓟ Hardware-Experten	2,40	2,20				4,60
Ⓟ Software-Experten			1,65	1,30		2,95
Ⓟ Management				0,05	1,90	1,95
Summe	2,40	2,20	1,65	1,35	1,90	9,50

schwer sind Fragen wie „Wer macht was und wie kommen die Kosten zustande?" zu beantworten. Jede Änderung in der Urlaubsplanung einer einzelnen Person kann leicht einen kaskadierenden Effekt auslösen, der die Gesamtpersonaldisposition betrifft. Die Personalstrategie der ELEKTRO ist also nicht mehr beherrschbar und sollte vereinfacht werden.

- **Einzelne Komponenten tragen zu weniger Wertschöpfungsschritten bei.** Die ELEKTRO entschließt sich deshalb dazu, die Tätigkeiten der IT in drei Tätigkeitsklassen (Hardware, Software, Management) einzuteilen. Die Klassen werden so gewählt, dass jede Teilwertschöpfung möglichst komplett von einer Tätigkeitsklasse abgedeckt werden kann.
- **Die Anzahl der Komponenten wird verringert.** Die Personaldisposition erfolgt zweistufig. Zuerst wird festgelegt, wie viel Kapazität welcher Klasse zu einem bestimmten Zeitpunkt zugeteilt wird. Dann wird daraus abgeleitet, welche Mitarbeiter der Klasse diese Tätigkeit ausüben.
- **Die Komponenten werden möglichst unabhängig voneinander.** Hierbei wird darauf geachtet, dass jeder Mitarbeiter genau einer Klasse zugeordnet ist, wodurch Quereffekte zwischen Klassen vermieden werden. In Abb. 6.1 (unten) ist die Wertschöpfung dargestellt, die sich nach der Restrukturierung ergibt.

Das $K_Q = (4, 6)$ der neuen Wertschöpfungsmatrix ist deutlich niedriger. Es gibt weniger Abhängigkeiten zwischen den Wertschöpfungsschritten, so dass die Urlaubsplanung vereinfacht wird und eine verständliche Zuordnung von Kosten unterstützt wird. Dies wurde durch Reduktion der Anzahl der Komponenten und der Anzahl der Funktionspunkte erreicht.

Literatur

1. Wolfgang Domschke, Andreas Drexl, Robert Klein, and Armin Scholl. *Einführung in Operations Research*. Springer Gabler, 2015.

Slipped Systems

7

Die Slipped Systems Φ_S beschreiben Reale Systeme, die von Menschen entworfen wurden. Beim Entwurf der S-Systeme wurden jedoch Entscheidungen getroffen, die dazu geführt haben, dass die Systeme de facto nicht die Gesetzmäßigkeiten von E-Systemen aufweisen und deshalb eher Eigenschaften von N-Systemen aufweisen. Dies kann z. B. daran liegen, dass die Statik zu komplex ist, die Dynamik nicht beherrschbar ist oder keine valide, nachvollziehbare Wertschöpfung vorliegt.

Es gibt auch Reale Systeme, die zu ihrem Realisierungszeitpunkt gut mit E-Systemen beschrieben werden konnten, aber Veränderungen durchlaufen haben, die dazu geführt haben, dass wichtige Gesetzmäßigkeiten der E-Systeme nicht mehr vorhanden sind. Sie sind zu S-Systemen geworden. Dies kann der Fall sein, wenn die Veränderungen dazu geführt haben, dass die Statik zu komplex geworden ist, dass die Dynamik nicht nachvollziehbar ist oder die Wertschöpfung nur noch mit geringer Signifikanz oder mit nicht vertretbarem Aufwand ermittelt werden kann.

Slipped Systems sind den Gestaltern des Systems „entglitten" und haben sich zu Systemen entwickelt, die nicht mehr gut verstanden und kontrolliert werden können.

Beispiel

In der Anfangszeit der ELEKTRO war die Anzahl an Retouren von Geräten mit Fertigungsfehlern aufgrund der geringen produzierten Stückzahlen sehr klein. Die Geschäftsführung wollte diese Retouren nicht verschrotten, sondern hat einige Mitarbeiter abgestellt, um die Retouren zu reparieren. Falls dies nicht mehr möglich war, wurden Teilkomponenten der Retouren in einem Lager als Ersatzteile eingelagert. Mittlerweile ist die ELEKTRO zu einem großen Unternehmen mit hohen Produktionszahlen gewachsen. Die Strukturen im Bereich der Retouren wurden jedoch nicht angepasst. Aus diesem Grund gibt es ein großes Lager, in dem Millionen von Ersatzteilen der letzten 20 Jahre lagern.

© Springer Fachmedien Wiesbaden GmbH 2018
U. Beyer et al., *Mensch und System*, https://doi.org/10.1007/978-3-658-21058-8_7

Eine hohe Anzahl von Mitarbeitern versucht in einer selbstorganisierten Arbeitsweise die einlaufenden Retouren zu reparieren oder wiederzuverwerten. Es gibt mehrere Abteilungen, die einen koordinierten Verkauf von Ersatzteilen für alte Produkte versuchen. Der genaue Wert der eingelagerten Ersatzteile ist unbekannt. Eine Zuordnung und Bewertung der Prozess- und Personalkosten im Bereich der Retouren ist nicht möglich. Es gibt mehrere nicht konsistente Lagerverwaltungsprozesse und Systeme für die verschiedenen, räumlich verteilten Retouren und Ersatzteillager.

Obwohl die Behandlung von Retouren als sehr übersichtliches E-System begonnen hat, ist dieser Bereich durch die unkoordinierte Weiterentwicklung von Strukturen und Prozessen zu einem S-System geworden, dass sich für die ELEKTRO zu einem relevanten kaufmännischen Problem entwickeln kann. Die ELEKTRO ist also gut beraten, eine Umstrukturierung durchzuführen, die den Bereich der Retouren wieder in ein E-System transformiert.

Abgrenzung von *NES*-Systemen

8

Die verschiedenen Klassen von *NES*-Systemen lassen sich voneinander abgrenzen. Ein System φ ist ein E-System, wenn jede der folgenden Eigenschaften zutrifft:

- Die T- und M-Relationen $\widetilde{T}$ und $\widetilde{M}$ mit $K_{\widetilde{T}} \leq 7$ und $K_{\widetilde{M}} \leq 7$ sind definiert. Jede Variable des Systems ist in einer T- oder A-Klasse enthalten.
- Die Wertschöpfung W ist definiert. Ein Algorithmus mit linearer Komplexität zur Bestimmung des Wertschöpfungsindikators w existiert.
- Für einen Systemübergang $\varphi \to \varphi'$ ist die Übergangsenergie Δe definiert. Es existiert ein Algorithmus zur Berechnung von Δe.
- Die Menge der Transitionen G enthält kein g, für das die temporale Unschärfe greift.

φ ist ein S-System, wenn jede der folgenden Eigenschaften zutrifft:

- φ ist kein E-System.
- Die T- und M-Relationen $\widetilde{T}$ und $\widetilde{M}$ mit $K_{\widetilde{T}} \leq \#V$ und $K_{\widetilde{M}} \leq (\#V)^2/4$ sind definiert.
- Die Wertschöpfung W ist definiert. Es muss *kein* Algorithmus zur Bestimmung des Wertschöpfungsindikators w existieren.
- Für einen Übergang $\varphi \to \varphi'$ ist die Übergangsenergie Δe definiert. Es existiert ein Verfahren zur Berechnung von Δe.
- Die Menge der Transitionen G enthält kein g, für das die temporale Unschärfe greift.

Ist φ weder ein E- noch ein S-System, so ist φ ein N-System. Es wird im Folgenden angenommen, dass E-Systeme besser vom Menschen beherrschbar sind als S-Systeme und S-Systeme besser als N-Systeme. Dies unterstützt die in Kap. 2 aufgestellte E-These:

© Springer Fachmedien Wiesbaden GmbH 2018
U. Beyer et al., *Mensch und System*, https://doi.org/10.1007/978-3-658-21058-8_8

Tab. 8.1 Kriterien zur Klassifikation von *NES*-Systemen

	E-System	S-System	N-System
$K_{\widetilde{T}}$	≤ 7	$\leq \#V - 1$	Beliebig
$K_{\widetilde{M}}$	≤ 7	$\leq (\#V)^2/4$	Beliebig
W	Definiert	Definiert	Nicht definiert
w	μ-rekursives Verfahren zur Berechnung vorhanden	Verfahren zur Berechnung muss nicht vorhanden sein	Nicht definiert
Δe	Verfahren zur Berechnung vorhanden	Verfahren zur Berechnung vorhanden	Nicht definiert
G	Keine temporale Unschärfe	Keine temporale Unschärfe	Temporale Unschärfe möglich

E-These
Systeme der Klasse der Engineered Systems Φ_E lassen sich besser modellieren, verstehen, beherrschen und optimieren als Systeme der Klassen der Natural und Slipped Systems. Man kann Modelle von E-Systemen semiautomatisch erzeugen.

Die Eigenschaften von *NES*-Systemen sind in Tab. 8.1 zusammengefasst.

Es ist möglich, dass Systeme als E-System konstruiert wurden, sich in ein S-System entwickelt haben und schließlich in einen Zustand gelangt sind, in dem keine berechenbare Wertschöpfung W mehr für sie definiert werden kann. Als Beispiel hierfür kann ein „failed state" dienen, in dem mehrere Gruppierungen mit unterschiedlichen Interessen um die Vorherrschaft kämpfen.

Aus oben genannten Definitionen ergibt sich eine maximale, absolute Größe eines E-Systems: Das System kann maximal 7 Aspekte besitzen. Jeder Aspekt kann aus einem Baum bestehen, der maximal 7 Ebenen aufweist, wobei in jeder Ebene eine maximale Anzahl von 7 Unterknoten erlaubt sind. Daraus folgt, dass ein E-System eine maximale Anzahl von $\#V_{\max}$ Knoten aufweisen kann[1], mit

$$\#V_{\max} = 7 \sum_{i=1}^{7} 7^i = 6.725.593 \,. \tag{8.1}$$

---

[1] Hierbei wird davon ausgegangen, dass die höchste Hierarchieebene des Aspekts ebenfalls 7 Knoten besitzen kann.

Die maximale Anzahl der M-Klassen $\#M_{max}$ ist auf

$$\#M_{max} = 7 \qquad (8.2)$$

limitiert, wobei darauf geachtet werden muss, dass keine Klasse eine höhere Komplexität als $K_{\widetilde{M}} = 7$ aufweist.

Damit kann auch die Anzahl der Kanten, d. h. der Abhängigkeiten der Variablen untereinander, angegeben werden. Pro Aspekt existieren

$$\sum_{i=1}^{6} 7^{i+1} \qquad (8.3)$$

Kanten. Es gibt insgesamt maximal 7 Aspekte, die untereinander über $\#M_{max} = 7$ M-Klassen miteinander verbunden sein können. Jede dieser M-Klassen darf höchsten 7 voneinander abhängige Variablenpaare besitzen. Damit ergibt sich für die maximale Anzahl an Kanten:

$$Y_{max} = 7 \sum_{i=1}^{6} 7^{i+1} + 7 \cdot (7 \cdot 274514 + 1) = 20.176.786 \,. \qquad (8.4)$$

Beherrschbare E-Systeme können damit nur eine bestimmte Maximalgröße besitzen. Die zulässige Anzahl an Variablen und Kanten stellt de facto keine Limitation dar; es muss aber akzeptiert werden, dass maximal sieben T- und M-Klassen existieren dürfen. Hierdurch wird z. B. die Anzahl der bestimmenden Strukturen für Unternehmen deutlich limitiert.

Zukunftsfähigkeit und Steuerbarkeit von Unternehmen setzt also eine bewusste Limitation der gemanagten Struktur voraus.

Beherrschbarkeit von Systemen 9

Die Überlegungen der vorhergehenden Kapitel führen zu dem Schluss, das N- und S-Systemmodelle für den Menschen de facto nicht verständlich sind. Sie bilden somit keine valide Grundlage für die rationale Ableitung von nachvollziehbaren Entscheidungen oder ein sicheres Management.

Man kann dies noch strenger formulieren: Falls für ein Reales System kein E-Systemmodell gefunden werden kann, dann besteht eine hohe Wahrscheinlichkeit, dass das Reale System durch einen Menschen nicht mehr sicher kontrolliert und weiterentwickelt werden kann.

In manchen Fällen können in *NES*-Systemen automatische Analyseverfahren eingesetzt werden, die die Komplexitätsgrenzen von 7 weiter verschieben und somit auch Effekte größerer Zusammenhänge sicher vorhersagen. Man muss sich jedoch vor Augen führen, dass diesen Verfahren durch die Auswirkungen der temporalen Unschärfe, kombinatorischen Explosion und unbekannten Einzeleffekte berechnungstheoretisch unüberwindbare Grenzen gesetzt sind. Diese Grenzen greifen häufig schon bei vergleichsweise kleinen Systemmodellen, d. h. der Einsatz solcher Verfahren erweitert den Horizont der Beherrschbarkeit nur wenig. Automatisch erzeugte Entscheidungen sind für Menschen nicht mehr verständlich und werden häufig nicht akzeptiert.

Beispiel

Die Datenanalyse einer Software zur Analyse der Weltmarktlage empfiehlt dem Geschäftsführer der ELEKTRO die Schließung eines hochrentablen Standorts. Da die Entscheidung aufgrund von hochkomplexen, selbstlernenden, auf großen Datenmengen basierenden KI-Verfahren basiert, ist die Empfehlung für den Geschäftsführer inhaltlich nicht nachvollziehbar. Er wird sich mit hoher Wahrscheinlichkeit nicht danach richten.

© Springer Fachmedien Wiesbaden GmbH 2018   61
U. Beyer et al., *Mensch und System*, https://doi.org/10.1007/978-3-658-21058-8_9

Die Analyse von Realen N- und S-Systemen ist damit immer nur in Teilausschnitten möglich, die so klein sind, dass das Erfassen des Systems dem Menschen mit dem ihm gegebenen Hilfsmitteln möglich ist. Das Festlegen des relevanten Teilausschnitts, seiner Randbedingungen, Variablen etc. ist dementsprechend eine der entscheidenden Aufgaben des Menschen, der sich mit N- und S-Systemen beschäftigt. Die relativ enge Limitierung der entsprechenden Systemmodelle und der daraus gezogenen Folgerungen kann jedoch nicht überwunden werden.

Bei genauer Betrachtung sind bereits die E-Systeme häufig nicht mehr ohne technische Hilfe verständlich. Dies liegt daran, dass zwar jede einzelne M-Klasse verständlich ist, aber solche Zusammenhänge, die sich über mehrere M-Klassen erstrecken, meist nicht mehr der Grenze von 7 genügen. Um dies zu illustrieren wird zunächst die Super-M-Klasse definiert. Eine M-Klasse, die durch Vereinigung aller M-Klassen, die einen gemeinsamen Aspekt beinhalten, entsteht, wird Super-M-Klasse $M^\star$ genannt:

$$M^\star = M_i \cup M_j \cup \ldots \cup M_n. \tag{9.1}$$

Für die Super-M-Klasse ist die Matrixkomplexität analog zu (4.7) definiert mit $K_M(M^\star)$.

Ein Beispiel für eine Super-M-Klasse ist in Abb. 9.1 und 9.2 gezeigt. Während die einzelnen M-Klassen, die die Aspekte „Funktionsblock", „Wertschöpfungsschritt" und „IT-System" miteinander verbinden, eine Komplexität von $K_{\widetilde{M}}$ von 4 und 7 besitzen, hat die M-Klasse, die aus ihrer Kombination entsteht, eine Komplexität von 19. Es ist leicht, sich vorzustellen, dass durch Hinzunahme weiterer M-Klassen, die als einen Aspekt ebenfalls „Funktionsblock" besitzen, Super-M-Klassen mit nochmals deutlich größerer Komplexität erzeugt werden, auch wenn jede M-Klasse ein $K_{\widetilde{M}}$ von 7 nicht überschreitet. Bei E-Systemen kann dieses Defizit jedoch dadurch gemindert werden, dass die Zusammenhänge mit Hilfe der in Kap. 5 eingeführten Projektionsoperatoren in logarithmischer Zeit untersucht werden können.

Die oben dargestellten Überlegungen sind also ein Appell zur Bescheidenheit. Man sollte anerkennen, dass die konzeptionellen Fähigkeiten eines Menschen aus systemischer Sicht als sehr limitiert anzusehen sind und die Dynamik auch durch den Einsatz von „technischen Gehirnerweiterungen" wie Computern nicht wirklich beherrscht werden kann.

Angesichts der Unbeherrschbarkeit von N- und S-Systemen erscheint es ungleich plausibler, die Realen Systeme von vornherein so zu konstruieren und weiterzuentwickeln, dass sie E-Systeme sind und bleiben. Nicht-E-Systeme sind mit hoher Wahrscheinlichkeit mittel- und langfristig nicht kontrollierbar und sollten somit, wo immer möglich, vermieden werden.

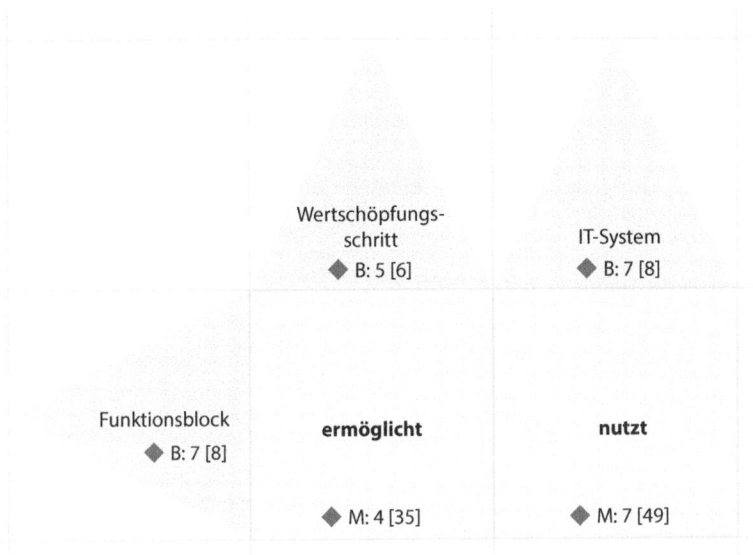

Wertschöpfungs-
schritt
◆ B: 5 [6]

IT-System
◆ B: 7 [8]

Funktionsblock
◆ B: 7 [8]

ermöglicht

nutzt

◆ M: 4 [35]

◆ M: 7 [49]

Abb. 9.1 Beispiel eines *TAM*-Netzes für ein einfaches Modell zum IT-Management

Auf Basis dieser Überlegungen kann man ein Paradigma einer Anthropologischen Kontrolltheorie wie folgt formulieren:

Paradigma der Anthropologischen Kontrolle
Modelliere und steuere nur, was Du beherrschen kannst, und akzeptiere den Rest.

Wenn man akzeptiert, dass S-Systeme nicht zum Ableiten von validen Entscheidungen taugen und automatische Verfahren auch keine substantiell bessere Beherrschbarkeit erzeugen, dann macht es Sinn darauf zu verzichten, die nicht beherrschbaren Teile in seine Überlegungen einzubeziehen. Hierzu gehört auch die Bereitschaft, sich nicht darin zu verlieren, das E-System zu suchen, dass das Reale System „am besten" beschreibt, denn auch diese Frage führt in aller Regel in eine Problemklasse, die nicht beherrschbar ist. Nachdem dieser Schritt sowohl modelltechnisch, als auch mental vollzogen worden ist, eröffnet sich eine neue Welt, in der alle Veränderungen der Systemstatik gut verstanden werden können.

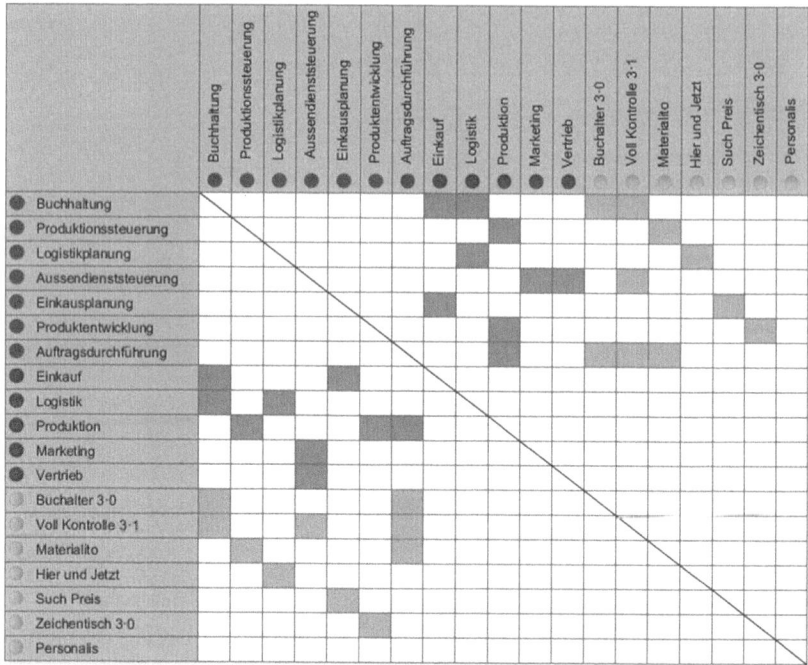

Abb. 9.2 Beispiel eines *TAM*-Netzes für ein einfaches Modell zum Projektportfolio-Management

---

Beispiel

Nach ihrem raschen, weltweiten Wachstum hat die ELEKTRO in einer An-fangsphase eine matrixartige Managementstruktur besessen. Dies sollte da-zu dienen, alle Aspekte des weltweiten Geschäfts zu synchronisieren, um damit möglichst viele Synergien zu heben. Die zugehörigen komplexen Kommunikations-, Entscheidungs- und Führungsstrukturen haben dazu ge-führt, dass das Unternehmen de facto handlungsunfähig geworden ist. Nach einer Reorganisationsphase werden sieben weitestgehend unabhängige Teilun-ternehmen als Finanzholding geführt. Die Teilunternehmen agieren erfolgreich am Weltmarkt, die Unternehmensrentabilität ist erheblich gestiegen.

Die Verbesserung rührt daher, dass die Kommunikations- und Führungs-strukturen eine beherrschbare Komplexität aufweisen, hat aber zur Folge, dass es de facto keine Synergien zwischen den Teilunternehmen gibt.

Vereinigung und Dekomposition von Systemen 10

Ein möglicher Ansatz zum geschickteren Umgang mit der Komplexität von Systemen besteht darin, Systeme als Kombination von Teilsystemen zu betrachten. Diese Idee rührt daher, dass Reale Systeme vereinigt oder in Teilsysteme dekomponiert werden können. Erstere Idee folgt dem Konzept des „System of systems" [2, 4] mit dem Ansatz, durch Vereinigung der Ressourcen und Fähigkeiten mehrerer Systeme ein neues, komplexeres System zu erschaffen, das „mehr ist als die Summe seiner Teile", also eine höhere Wertschöpfung als beide Einzelsysteme besitzt. Die Idee der Dekomposition in Teilsysteme findet z. B. im Rahmen der Multiskalensimulation [1] weite Verbreitung. Im Folgenden wird diskutiert, welchen Einfluss die Anwendung von Vereinigung und Dekomposition auf *NES*-Systeme hat und inwieweit sie zur Komplexitätsreduktion eingesetzt werden kann.

10.1 Koexistierende Systeme

Zwei *NES*-Systeme $\varphi_1 = (S_1, W_1, T_1)$ und $\varphi_2 = (S_2, W_2, T_2)$ werden koexistierende Systeme genannt, wenn sie sich in mindestens einem Variablenwert voneinander unterscheiden, d. h. nicht identisch sind. Sie können aber die gleiche Statik S, Wertschöpfung W und Trägheit T besitzen. Ein Paar koexistierender Systeme kann als neues Gesamtsystem

$$\Omega = \varphi_1 \parallel \varphi_2 = \varphi_2 \parallel \varphi_1 \qquad (10.1)$$

interpretiert werden. Bei Paarung von Systemen aus den drei Systemklassen N, E, S sind sechs verschiedene Paarbildungen möglich: $(N \parallel N)$, $(N \parallel E)$, $(N \parallel S)$, $(E \parallel E)$, $(E \parallel S)$, $(S \parallel S)$. Solche Systeme werden als NN-, NE-, NS-, ... Systeme bezeichnet. Das neue System $\Omega = \varphi_1 \parallel \varphi_2$ gehört immer zur schlechter beherrschbaren Systemklasse der beiden Einzelsysteme: Eine Kombination mit einem N-System erzeugt dementsprechend immer ein Gesamtsystem dieser Klasse. Die Beherrschbarkeit eines Systems nimmt durch das reine Erweitern von S, G oder V nie zu.

10.2 Meta-Systeme

Ein System $\Omega = \varphi_1 \parallel \varphi_2$ wird als Meta-NES-System $\Omega = (S_\Omega, W_\Omega, T_\Omega)$ bezeichnet, wenn folgende Abbildungen zur Vereinigung der Statik, Wertschöpfung und Trägheit der Einzelsysteme φ_1 und φ_2 definiert sind:

$$\cup_S : \quad S_1 \times S_2 \to S_\Omega \,, \tag{10.2}$$

$$\cup_W : \quad W_1 \times W_2 \to W_\Omega \,, \tag{10.3}$$

$$\cup_T : \quad T_1 \times T_2 \to T_\Omega \,. \tag{10.4}$$

Insbesondere findet die Vereinigung der Statiken S_1 und S_2 *ohne* Hinzufügen von Variablen statt.

In der Praxis ist die Anwendung von $\cup_S$, $\cup_W$ und $\cup_T$ meist schwierig, da in der Statik des Gesamtsystems für $v_i \in V_1 \land v_i \in V_2$ gemeinsame Transitionen g_i vorhanden und bekannt sein müssen, die sowohl das individuelle Systemverhalten von φ_1 als auch von φ_2 sicherstellen. Ähnliche Probleme treten im Fall von EE-, ES- und SS-Systemen bei der Definition von W_Ω auf, da W_Ω sowohl W_1 als auch W_2 genügen muss. Die Konstruktion eines Meta-Systems für zwei Systeme ist häufig mit erheblichem Transitionsaufwand verbunden. Eine Komplexitätsreduktion durch die Vereinigung ist normalerweise nicht möglich.

10.3 Koordinierte Systeme

Im Gegensatz zur Konstruktion von Meta-Systemen ist die Dekonstruktion eines NES-Systems Ω in zwei (Teil-) NES-Teilsysteme $\varphi_1 \parallel \varphi_2$ nur unter bestimmten Bedingungen möglich, nämlich dann, wenn zusätzliche Variablen und Transitionen zur Koordination von φ_1 und φ_2 eingesetzt werden können. Die Teilsysteme müssen so definiert sein, dass gilt

$$S_\Omega = (V_\Omega, G_\Omega) \tag{10.5}$$
$$\text{mit } V_\Omega = (V_1 \cap V_\Omega) \cup (V_2 \cap V_\Omega) \,,$$
$$G_\Omega = (G_1 \cap G_\Omega) \cup (G_2 \cap G_\Omega) \,.$$

Das bedeutet, dass die Mengen V_1, V_2 zusammen alle Variablen von V_Ω enthalten, aber zusätzlich weitere Variablen enthalten können, die nicht Teil von V_Ω sind. Hierbei wird

$$K_\| = \#(V_1 \cap V_2) = \#(G_1 \cap G_2) \tag{10.6}$$

die *strukturelle Verschränkung* von φ_1 und φ_2 genannt. Die *Synchronisationskosten* $K_{\|+}$ von φ_1 und φ_2 werden als

$$K_{\|+} = \#\big((V_1 \cup V_2) - V_\Omega\big) \tag{10.7}$$

definiert.

Da bei N-Systemen häufig alle Variablen unmittelbar funktional voneinander abhängen, gilt für die strukturelle Verschränkung meist $K_\| = \#V$. Somit erscheint die Klasse der NN-Dekonstruktionen zum Erreichen einer Komplexitätsreduktion wenig zielführend, da die entstehenden Teilsysteme dieselbe TM-Komplexität besitzen wie das ursprüngliche, dekonstruierte System.

Im Gegensatz dazu können bei EE-Systemen Teilsysteme gefunden werden, für die $K_\| \ll \#V$ gilt. Dies ergibt sich aus der Tatsache, dass die Variablen von E-Systemen aufgrund ihres niedrigen $K_{\widetilde{T}}$ und $K_{\widetilde{M}}$ nur an relativ wenigen Stellen gekoppelt sind.

Die Wertschöpfungsindikatoren w_1 und w_2 der Teilsysteme werden wie folgt definiert: Ist $\vec{V}$ eine Episode von Ω, so sind $\vec{V}_1$ bzw. $Ep V_2$ die entsprechenden Episoden von φ_1 bzw. φ_2, in denen nur die gemeinsamen Variablen $V_\Omega \cap V_1$ bzw. $V_\Omega \cap V_2$ enthalten sind:

$$w_1(\vec{V}_1) \wedge w_2(\vec{V}_2) = w_\Omega(\vec{V}) \tag{10.8}$$

Die Wertschöpfung der Teilsysteme ist damit so definiert, dass die ursprüngliche Wertschöpfung W_Ω genau dann erreicht wird, wenn die beiden Teilsysteme ihre Wertschöpfungen W_1 und W_2 erreichen.

Koexistierende Systeme, für die die (10.5) gilt, werden Koordinierte Systeme (C-Systeme) genannt. Wenn $K_\| \le 7$ gilt, ist das System ein CE-System (Koordiniert und Engineered); sonst wird das System CS-System (Koordiniert und Slipped) genannt.

10.4 Laterale Systeme

Die Dekonstruktion eines *NES*-Systems in zwei koordinierte Systeme φ_1 und φ_2 ist eine valide Option, um die Komplexität von ES-Systemen zu reduzieren. φ_1 und φ_2 können jeweils eine geringere statische Komplexität K_S besitzen als Ω und liefern trotzdem gemeinsam dieselbe Wertschöpfung wie Ω. Es besteht also insbesondere die Hoffnung, ein S-System durch ein- oder mehrfache Dekomposition in eine Menge von CE-Systemen zu transformieren.

Man darf hierbei jedoch nicht die Tatsache übersehen, dass normalerweise $V_1 \cap V_2 \neq \emptyset$ ist. Dies bedeutet, dass die G_1 und G_2 so angepasst werden müssen, dass bei der „konkurrierenden Nutzung" der Variablen in $V_1 \cap V_2$ trotzdem $w_\Omega = w_1 \wedge w_2$ gilt, d. h. dass beide Systeme ihre Wertschöpfung erreichen. Die Zunahme der Komplexität, die durch die Synchronisation der Teilsysteme entsteht, wird über die Synchronisationskosten $K_{\parallel+}$ erfasst.

Um durch die Zerlegung von Ω in φ_1 und φ_2 eine deutliche Reduktion der TM-Komplexität von Ω zu erreichen muss folgende Bedingung gelten:

$$\max\left(K_{\widetilde{T}}(\varphi_1), K_{\widetilde{T}}(\varphi_2), K_{\widetilde{M}}(\varphi_1), K_{\widetilde{M}}(\varphi_2)\right) \ll \max\left(K_{\widetilde{T}}(\Omega), K_{\widetilde{M}}(\Omega)\right). \quad (10.9)$$

Dies kann erreicht werden, wenn die strukturelle Verschränkung $K_\parallel$ und die Synchronisationskosten $K_{\parallel+}$ sehr klein sind, d. h. wenn beide Systeme möglichst unabhängig voneinander sind und die Komplexität für die koordinierte Nutzung von Ressourcen minimiert wird. Diese Überlegungen führen zur Lateral-These:

Lateral-These

Ein S-System wird nicht dadurch zu einem E-System, indem man es dekonstruiert und danach die Teile möglichst genau synchronisiert – es wird dadurch einfacher, dass man auf die Synchronisation der Teile verzichtet und nur eine gemeinsame Wertschöpfung sicherstellt.

Zwei Systeme φ_1 und φ_2 werden *Laterale Systeme* (*L*-Systeme) genannt, wenn sie aus der Dekomposition eines ES-Systems Ω hervorgegangen sind und nur die Abbildungen $\cup_W$ und $\cup_T$ definiert sind. Es findet also keine Synchronisation der $V_1 \cap V_2$ statt. Dies wird mit Hilfe des L-Operators $\triangle$ wie folgt notiert:

$$\Omega = \varphi_1 \triangle \varphi_2. \quad (10.10)$$

Die *Lateralkosten* K_L geben an, um wieviel die Wertschöpfung $W_{\varphi_1 \triangle \varphi_2}$ der lateralen Systeme $\varphi_1 \triangle \varphi_2$ geringer ist als die Wertschöpfung des Systems Ω. Häufig gilt

$$K_L(\varphi_1 \triangle \varphi_2) = W_\Omega(V^\star) - W_{\varphi_1 \triangle \varphi_2}(V^\star) > 0, \quad (10.11)$$

d. h. dass $\varphi_1 \triangle \varphi_2$ eine um die Lateralkosten K_L geringere Wertschöpfung als Ω aufweist. Dafür gilt aber

$$\max\left(K_T(\varphi_1 \triangle \varphi_2), K_M(\varphi_1 \triangle \varphi_2)\right) \ll \max\left(K_T(\Omega) K_M(\Omega)\right) \qquad (10.12)$$

und häufig auch

$$T(\varphi_1 \triangle \varphi_2, V^\star, \Delta t) < T(\Omega, V^\star, \Delta t). \qquad (10.13)$$

$\varphi_1 \triangle \varphi_2$ ist also weniger wertschöpfend als Ω, dafür aber auch deutlich weniger komplex. Dies entspricht bei einem Multiskalenmodell der Tatsache, dass (kleine) Fehler in Kauf genommen werden, um das Gesamtsystem berechenbar zu halten[1]. Die Kunst besteht darin, $\varphi_1 \triangle \varphi_2$ so zu wählen, dass K_L ohne explizite Synchronisation möglichst klein wird.

ES-Systeme, die aus einer ein- oder mehrfachen Anwendung des $\triangle$-Operators hervorgehen, werden ebenfalls L-Systeme genannt. Die statische Komplexität eines L-Systems entspricht der statischen Komplexität des komplexesten Teilsystems. Sie wächst durch das Hinzufügen von Teilsystemen nur, wenn diese komplexer sind als die bereits enthaltenen Systeme.

Beispiel

Die ELEKTRO hat Dependancen in Nordamerika, Asien und dem Nahen Osten. Diese Standorte waren historisch sehr eng an das deutsche Mutterhaus gekoppelt und wurden in großen Teilen aus der Firmenzentrale in Deutschland gesteuert. Die ausländischen Aktivitäten sind in der letzten Dekade sehr schnell gewachsen; gleichzeitig entsteht auf den verschiedenen lokalen Märkten ein stärkerer Wettbewerbsdruck. Dies führt dazu, dass die Eigenständigkeit der Standorte erhöht wurde, indem lokale Geschäftsführungen mit relativ hoher Entscheidungsbefugnis etabliert wurden, die zeitnah und flexibel auf die Anforderungen der lokalen Märkte reagieren können.

In den letzten fünf Jahren ist ein extremes Wachstum der Verwaltungs-, IT- und Reisekosten zu beobachten. Diese Kosten sind auf verschiedene (nur teilweise erfolgreiche) Versuche zu Vereinheitlichung von Produktportfolios, Prozessen und der IT innerhalb der ELEKTRO-Gruppe zurückzuführen. Zusätzlich entstehen Opportunitätskosten, da die verschiedenen Länderdependancen nicht mehr schnell genug reagieren können, weil teilweise umfangreiche Abstimmungen und Anpassungen der Group-IT-Systeme und Group-Prozesse

---

[1] Oder es schneller berechnen zu können.

erforderlich sind, wenn lokale Änderungen umgesetzt werden sollen. Das stark koordinierte Gesamtsystem erweist sich im Wettbewerb zusehens als nicht leistungsfähig genug.

Aus diesem Grund hat die ELEKTRO beschlossen, ein laterales Geschäftsmodell einzuführen. Der weltweite Betrieb einer vereinheitlichten IT-Landschaft wird abgeschafft. Stattdessen kann jede Dependance eine eigene IT-Strategie umsetzen. Die Unternehmensprozesse sind nicht mehr weltweit vereinheitlicht, sondern werden ebenfalls in Verantwortung der lokalen Geschäftsführer organisiert.

Alle Dependancen müssen aber an einer vereinheitlichten Group-Buchhaltung teilnehmen, mit der die strategische Steuerung der Gesamt-Gruppe sichergestellt wird. Dies betrifft die GuV, rechtliche und steuerliche Regelungen sowie eine globale Investitions- und Ausbaustrategie. Diese Dependancen sind also nur noch auf der obersten Ebene der Wertschöpfung gekoppelt. Die Group-Buchhaltung definiert die relevanten Teilwertschöpfungen, die in der Wertschöpfungsmatrix berücksichtigt werden.

Dies schließt jedoch nicht aus, dass einzelne Dependancen zusätzlich Teilwertschöpfungsketten etablieren, die dann durch entsprechende Regelungen synchronisiert werden. So nutzt die Dependance im Nahen Osten die Fabrik in Asien, um Teile seiner Klimageräte herstellen zu lassen. Für diese Produktions- und Logistikketten entstehen zusätzlich zu koordinierende Ressourcen, die aber aufgrund der lateralen Gesamtkopplung keine Komponenten oder Funktionspunkte in anderen Dependancen (z. B. im deutschen Mutterhaus) betreffen.

Die Vor- und Nachteile einer lateralen Organisation finden sich auch in der Unterscheidung zwischen einer Financial Holding und Management Holding wieder [3]. Financial Holdings sind extrem flexibel bei geringen Kopplungs- und Opportunitätskosten, es gibt aber auch keine gesteuerten Synergien zwischen Tochterfirmen. Management Holdings neigen zu hohen Kopplungskosten und einer höheren Trägheit. Dafür gibt es aber häufig deutliche Synergien zwischen den Tochterfirmen.

Literatur

1. Weinan E. *Principles of Multiscale Modeling*. Cambridge University Press, 2011.
2. Mohammad Jamshidi, editor. *System of Systems Engineering – Innovations for the 21st Century*. John Wiley & Sons, 2008.
3. Jeannette Kraehe. *Die Mittelstandsholding in Deutschland: Ein Führungs- und Organisationskonzept für mittelgroße Unternehmen*. Deutscher Universitäts-Verlag, 1994.
4. Hans-Jürgen Warnecke. *Revolution der Unternehmenskultur: das fraktale Unternehmen*. Springer-Verlag, 2013.

Bilanz und Stabilität von Systemen 11

Bei allen bisherigen Überlegungen wurde davon ausgegangen, dass ein Systemmodell dazu dient, ein System zu *einem* Zeitpunkt zu beschreiben. Die meisten
Realen Systeme sind aber in eine Umwelt eingebettet, die diese Systeme entweder
ständig aktiv verändert, oder es erforderlich macht, dass das System als Reaktion auf Umwelteinflüsse anpasst werden muss. Zur Analyse des Systems ist neben
der Höhe der erforderlichen Veränderungsenergie (bzw. der entsprechenden Kosten) auch relevant, wie schnell das System angepasst bzw. umgebaut werden kann.
Wenn ein System zu starr ist und nur langsam transformiert werden kann, entstehen Opportunitätskosten, da das System in der veränderten Umwelt vorübergehend
nicht optimal agiert, also eine reduzierte Wertschöpfung besitzt.

Im Folgenden wird erörtert, welche statischen Eigenschaften von Systemen eine
rasche Reaktion auf Umwelteinflüsse fördern und welche Arten von Statik dies
behindern.

11.1 Bilanz von Systemen

Bei Realen Systemen hängt die Wertschöpfung W eines E-Systems φ mit der Statik $S = (V, G)$ neben den Variablen V (als Basis für die Dynamik D) auch von
externen Faktoren ab, die nicht Teil des Systemmodells sind. Die Wertschöpfung
W transformiert die Ziele $\mathbb{Z}(\varphi)$ des Systemdesigners, die er für das System definiert [1] in eine berechenbare Funktion für φ. Die Wertschöpfung gibt damit an, ob
die Ziele vom System erfüllt worden sind.

Bei makroökonomischen als auch bei geopolitischen Modellen ist die Veränderung der Ziele $\mathbb{Z}(\varphi)$ mit der Zeit ein wichtiger Faktor. Es entsteht eine Folge

---

[1] Häufig schwer berechenbare „open world functions" [1].

© Springer Fachmedien Wiesbaden GmbH 2018
U. Beyer et al., *Mensch und System*, https://doi.org/10.1007/978-3-658-21058-8_11

$\vec{Z}(\varphi) = Z^i(\varphi), \ldots, Z^n(\varphi)$ von Zielen zu aufeinanderfolgenden Zeitpunkten t_i[2]. Das Zeitintervall zwischen den Änderungen der Ziele wird mit $\Delta t^i = t_i - t_{i-1}$ bezeichnet.

Für die Beurteilung von Systemen ist relevant, wie effektiv φ an die veränderten Ziele $Z^i(\varphi)$ angepasst werden kann. Beim Übergang von $Z^i(\varphi) \to Z^{i+1}(\varphi)$ können sich die Wertschöpfung W und die Anfangsvariablen V_A aufgrund des veränderten $Z(\varphi)$ ebenfalls verändern. Dies wird als $W^i \to W^{i+1}$ und $V_A^i \to V_A^{i+1}$ notiert.

Als Folge hiervon müssen V und G angepasst werden. Es entsteht also eine Folge von Systemen $\varphi^0, \ldots, \varphi^n$. Für die entsprechenden Anpassungen $\varphi^{i-1} \to \varphi^i$ wird eine bestimmte Anpassungsdauer $\Delta \tau^i(\varphi, Z^{i-1}, Z^i)$ benötigt und es entstehen Anpassungskosten $\Delta k^i(\varphi, Z^{i-1}, Z^i)$. Im Fall $\Delta \tau^i \geq \Delta t^i$ erreicht das System seinen neuen Zustand gar nicht oder erst, wenn sich die Ziele des Systems bereits erneut verändert haben.

Während der Zeitspanne $\Delta \tau^i$ fallen Opportunitätskosten $\Delta o^i(\Delta \tau^i)$ an, weil das System während der Anpassungsphase keine optimale Wertschöpfung besitzt. Zu jeder Zeit entstehen zudem Strukturkosten Π^i (Fixkosten), die sich daraus ergeben, dass die grundsätzliche Struktur des Systems aufrecht erhalten werden muss[3].

Für den gesamten Zeitraum von $t = t_0$ bis $t = t_n$ ergibt sich die kumulierte Bilanz $\mathfrak{W}$ für die durchgeführte Systemtransformation für $\vec{Z} = Z^0, \ldots, Z^n$ wie folgt:

$$\mathfrak{W}(\varphi, \vec{Z}) = W^0(V_A^0) - \Pi^0(\varphi^0)$$

$$+ \sum_{i=1}^{n} \left\{ W^i(V_A^i) - \Delta k^i - \Delta o^i(\Delta \tau^i) - \Pi^i \right\}. \qquad (11.1)$$

Häufig sind $\Delta \tau^i$, Δk^i und Π^i umso größer, je größer $K_T(\varphi^i)$ und $K_M(\varphi^i)$: Je höher die Statische Komplexität, desto höher sind die Anpassungskosten, desto länger benötigt die Anpassung mit entsprechenden Opportunitätskosten und desto höher sind die Strukturkosten für den Betrieb des Systems.

Für den Vergleich von koordinierten und lateralen Systemen ergibt sich nun folgende Überlegung. Es seien ein koordiniertes System φ_A und ein laterales System φ_B gegeben, die beide eine Wertschöpfung von gleicher Höhe besitzen, $W_A = W_B$. Die Strukturkosten von φ_B sind zum Zeitpunkt $t = t_0$ höher als die von φ_A, da im

---

[2] Die zeitliche Entwicklung spiegelt sich im Index von Z wieder, wobei sich das System ϕ natürlich ebenfalls entwickelt. Auf eine zusätzliche Indizierung von φ wird hier aus Gründen der Übersichtlichkeit verzichtet.

[3] Diese Strukturkosten Π fallen natürlich auch an, wenn das System gar nicht verändert wird.

lateralen System weniger Synergien geschöpft werden. Beide Systeme werden auf Grundlage von gleichen Zielen $\vec{\mathbb{Z}}$ über eine Zeitspanne $[t = t_0, \ldots, t_h]$ verändert. Für die Transformationsphase wird angenommen:

- Ein koordiniertes C-System φ_A kann in den ersten Zeitschritten $[t = t_0, \ldots, t_l]$ ein höheres $\mathfrak{W}$ besitzen als ein entsprechendes laterales System φ_B, da bei φ_B höhere Strukturkosten anfallen.
- Wenn sich $\mathbb{Z}$ in den folgenden Zeitintervallen $[t = t_{l+1}, \ldots, t_h]$ verändert, so wird die Summe der Anpassungskosten Δk und Opportunitätskosten Δo von φ_A normalerweise schneller ansteigen als die von φ_B, da φ_A eine höhere statische Komplexität aufweist. Die praktische Erfahrung lehrt auch, dass $\sum_{i=l+1}^{h} \Pi^i(\varphi_A)$ häufig steil ansteigt, φ_A immer komplexer wird und gleitend zu einem CS-System wird.
- Zu einem bestimmten Zeitpunkt $u \in [l+1, \ldots, h]$ wird $\mathfrak{W}(\varphi_A) < \mathfrak{W}(\varphi_B)$, da die Summe der Kosten $\sum_{i=0}^{u} \left[\Delta k^i(\varphi_A) + \Delta o^i(\varphi_A) + \Pi^i(\varphi_A) \right]$ von φ_A schneller wächst als die Kosten von φ_B.

Dies führt zu der These:

Laterale Systeme leben länger
L-Systeme haben zwar für kurze Zeiträume häufig eine schlechtere kumulierte Bilanz als entsprechende C-Systeme, sie besitzen aber in sich verändernden Umgebungen auf längere Zeiträume eine höhere kumulierte Bilanz als C-Systeme.

Hieraus folgt, dass man bei der Dekonstruktion von S-Systemen L-Systeme vor C-Systemen bevorzugen sollte, insbesondere dann, wenn

- die V der Teilsysteme quasi-disjunkt sind (z. B. separierte Märkte bedienen),
- Die Ziele $\mathbb{Z}$, die für das System definiert werden, sich schnell ändern
- $\Delta \tau, \Delta k, \Pi$ unvermeidbar relativ hoch sind (z. B. durch Abstimmungsverluste oder organisatorische Rahmenbedingungen).

Dies ist in Abb. 11.1 illustriert.

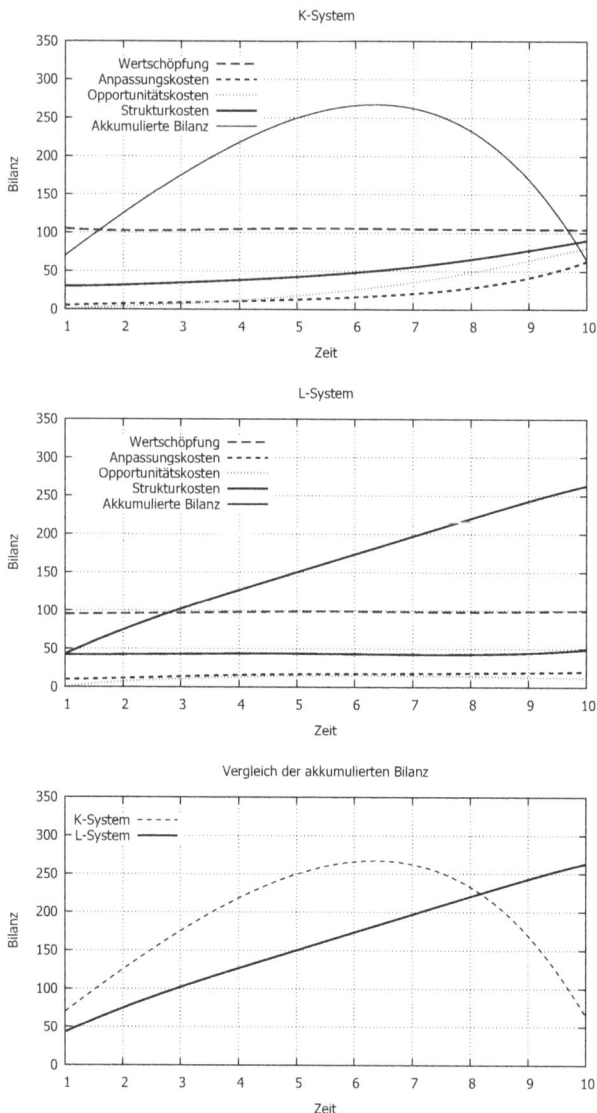

Abb. 11.1 Vergleich der Bilanz eines hypothetischen K-Systems mit einem L-System. Die Systeme sind so gewählt, dass die Effekte der L-These exemplarisch dargestellt werden können. Gezeigt sind die Wertschöpfung W, die Strukturkosten Π, die Opportunitätskosten Δo, die Anpassungskosten Δk, sowie die akkumulierte Bilanz $\mathfrak{W}$

11.2   Stabilität von Systemen

Eine zu hohe Trägheit eines Systems erzeugt eine so stark verzögerte Anpassungs-
fähigkeit, dass das System bei sich verändernden Umweltbedingungen nur unter
derart hohen Kosten transformiert werden kann, dass es de facto „stirbt" bzw.
nicht mehr rentabel betreibbar ist. Irgendwann wird die Bilanz derartiger Systeme
so schlecht, dass die Systeme aus wirtschaftlichen Gründen ausgeschaltet werden
oder ihre Funktionsfähigkeit einbüßen. Bei makroökonomischen sowie bei geopolitischen Modellen ist die Stabilität von Systemen unter Systemtransformationen
von entscheidender Bedeutung, um die Ziele zu erreichen.

Der Energieverbrauch $\overline{W}(\varphi, t_a, t_b)$ ist die Wertschöpfung, die φ im Intervall
$[t_a, t_b]$ benötigt, um weiter zu existieren. Die Boolesche Stabilitätsfunktion für ein
ES-System

$$C(\varphi, \vec{Z} = \mathbb{Z}^0, \ldots, \mathbb{Z}^n) = \bigwedge_{i=0}^{n} \left[W^i(V_A^i) - \overline{W}(\varphi, t_i, t_{i+1}) > 0 \right] \qquad (11.2)$$

liefert wahr, wenn φ in jedem Zeitintervall eine Wertschöpfung oberhalb der Min-
destwertschöpfung $\overline{W}$ besitzt. Hierbei wird vereinfachend davon ausgegangen,
dass die überschüssigen Wertschöpfungen bilanzneutral in die Folgeintervalle
übertragen werden können, um dort gegebenenfalls später $\overline{W}$ zu kompensieren.

Unter Annahme der L-These besitzen L-Systeme für $t \to \infty$ eine bessere
Stabilität als entsprechende C-Systeme.

Der oben dargestellte Sachverhalt ist eine mögliche Erklärung dafür, warum
kleinere (weniger komplexe) und jüngere (weniger träge) Unternehmen häufig Vor-
teile gegenüber sehr großen Unternehmen besitzen, obwohl diese über erheblich
mehr Ressourcen verfügen.

Es gibt einige Unternehmen, die ein laterales Model als Unternehmensprin-
zip über eine lange Zeit verfolgen. Es fällt auf, dass diese Unternehmen häufig
sehr alt sind und auch starke Schwankungen ihres Unternehmenserfolgs oder rasche Veränderungen des Marktes mehrfach überlebt haben. Die meisten dieser
Unternehmen sind entweder non-profit oder schließen eine kurzfristige Gewinn-
maximierung oder eine Machtanhäufung per Unternehmenskultur aus.

Literatur

1. Hubert L. Dreyfus. *What Computers still can't do: A Critique of Artificial Reason.* MIT
   Press, Cambridge, MA, USA, 1992.

Kooperation auf Basis von Systemmodellen 12

Aufgrund des humanzentrischen Ansatzes ist die Idee der E-Systeme auch auf soziale Systeme anwendbar. Aus den vorgestellten Überlegungen ergibt sich für eine Zusammenarbeit zwischen zwei oder mehreren Menschen eine verblüffende Implikation, die hier dargestellt wird.

Die Komplexität und Beherrschbarkeit ist ein bestimmender Faktor für die Kooperation zwischen zwei Menschen. Hierbei wird der Begriff Kooperation so verstanden, dass zwei Menschen gemeinsam ein Systemmodell schaffen [1].

Wir gehen davon aus, dass die beiden Menschen bereits jeweils ein individuelles E-Systemmodell des Realen Systems besitzen. Dies trifft selbst dann zu, wenn es dem Einzelnen nicht bewusst ist, da der kognitive Prozess des Verstehens eine implizite, möglicherweise unbewusste, Modellbildung voraussetzt. Es werden zwei Sachverhalte als wahrscheinlich angenommen:

1. Die beiden Modelle werden deutliche Unterschiede aufweisen, da es bei Realen Systemen eine Vielzahl von möglichen TAM-Zerlegungen gibt und die Wahl der Zerlegung stark von den Erfahrungen der jeweiligen Individuen geprägt ist.
2. Die beiden individuellen Modelle sind für den jeweiligen Besitzer gerade noch verständlich und befinden sich an der Grenze zu einem S-Systemmodell.

Wenn nun beide Kooperationspartner ihre Modelle zusammenlegen und „fusionieren" möchten, entsteht fast zwangsläufig eine Situation, in der beide ihre Modelle erweitern und komplexer gestalten müssen, um ihr Modell an das des anderen anzupassen. Die zunächst resultierenden Gesamtmodelle sind also mit hoher Wahrscheinlichkeit S-Systemmodelle.

Ausgehend von zwei beherrschbaren, individuellen Modellen entsteht durch die Kooperationsphase also ein deutlich komplexeres Modell. Die Hoffnung, dass zwei Gehirne zusammen mehr leisten können als eines alleine, ist in dieser Anordnung eher unplausibel, da die 7 ± 2-Grenze nicht erweitert wird, sondern die Situation

© Springer Fachmedien Wiesbaden GmbH 2018
U. Beyer et al., *Mensch und System*, https://doi.org/10.1007/978-3-658-21058-8_12

tendenziell mehr Komplexität erzeugt. Ziel einer erfolgreichen Kooperation muss
es jedoch sein, dass dieses S-Systemmodell wieder so vereinfacht wird, dass wieder ein E-System entsteht.

Kooperationsdilemma
Kooperation birgt das Problem der Komplexitätsexplosion und führt aus
systemischer Sicht nicht zu schnellen Ergebnissen. Die gesellschaftliche
Notwendigkeit von Kooperation kann dennoch nicht geleugnet werden.
Hieraus resultiert ein Dilemma.

Das Problem der Komplexitätsexplosion lässt sich umgehen, indem eines der
beiden Modelle unverändert gewählt wird, was jedoch keine Kooperation im enge-
ren Sinne darstellt. Ein weiterer Ansatz wäre, dass beide Kooperationspartner ihre
Modelle vergessen und gemeinsam ein neues Modell erstellen. Dies ist aber auch
keine Kooperation im hier gemeinten Sinne, da ein einzelner Entwurfsprozess mit
einem „Doppelgehirn" durchgeführt wird.

Im Folgenden wird ein möglicher Ansatz beschrieben, wie das Dilemma einer
Komplexitätsexplosion des gemeinsamen Modells gemildert und die Entstehung
eines E-Systems befördert werden könnte.

Es seien A, B zwei Kooperationspartner, die ihre jeweiligen E-Systeme $\varphi_A =
(S_A, W, T_A)$, $\varphi_B = (S_B, W, T_B)$ zur Zusammenarbeit in einem gemeinsamen Sys-
tem $\varphi_K = (S_K, W, T_K)$ beschreiben wollen. Beide Systeme φ_A, φ_B beschreiben
dasselbe Reale System und besitzen die gleiche Wertschöpfung $W_A = W_B = W$.
Die Kooperation KO ist die Abbildung

$$KO : (\varphi_A, \varphi_B) \mapsto \varphi_K. \tag{12.1}$$

Der eine Partner muss das System des anderen nicht kennen oder verstehen. Das
System φ_A wird deswegen als *Walled Garden* von A bezeichnet und φ_B ist der
Walled Garden von B. Das System φ_K wird *Common Ground* genannt, den A und
B beide kennen müssen.

Die Abbildungen

$$P_A(S_A) = S_K \text{ und } P_B(S_B) = S_K \tag{12.2}$$

werden die Transferleistungen von A und B genannt, die die Statik der beiden
Einzelsysteme in das gemeinsame System überführen.

Die Kooperation ist ein Spiel, bei dem KO schrittweise aufgebaut wird. Hierdurch entsteht eine Folge von aufeinander aufbauenden Zwischenmodellen ko^t, deren letztes Glied das Endmodell $ko^e = KO$ ist,

$$ko^0, \ldots, ko^t, \ldots, ko^e = KO. \tag{12.3}$$

ko^0 ist leer. Es gelten folgende Spielregeln:

1. In jeder Runde ist einer der Spieler der *Leader* und der andere Spieler ist der *Follower*. A ist der Leader der ersten Runde.
2. Das Spiel endet erfolgreich, wenn ko^t ein E-System ist, die Wertschöpfung W erfüllt und beide Spieler zustimmen.
3. Das Spiel scheitert, wenn einer der Spieler es für gescheitert erklärt.
4. Der Leader kann in der Runde t das S_K^{t+1} für ko^{t+1} festlegen, indem er S_K^t verändert.
5. Der Follower kann am Ende der Runde t das neu entstandene ko^{t+1} akzeptieren. In diesem Fall kann der Leader mit der nächsten Runde $t + 1$ beginnen.
6. Der Follower kann am Ende der Runde das entstandene ko^{t+1} ablehnen. In diesem Fall wechseln die Rollen von Leader und Follower. Zu diesem Zeitpunkt kann er ein beliebiges Glied aus $ko^0, \ldots, ko^t$ wählen und das Spiel mit diesem Glied fortsetzen.

Dieses Spiel funktioniert nur, wenn die Folge der Zwischenmodelle so aufbewahrt wird, dass ein einfaches Rückfallen auf einen älteren Stand möglich ist.

Durch das Spiel werden folgende Rahmenbedingungen sichergestellt:

1. Keiner der Spieler muss sein Modell auf das des anderen abbilden, es besteht lediglich die Notwendigkeit einer Abbildung auf das Zielmodell.
2. Es agiert immer nur *ein* Spieler. Der jeweils andere muss dem Leader folgen. Es besteht also keine Notwendigkeit des simultanen Arbeitens.
3. Der Leader kann seine Idee schrittweise aufbauen bzw. darstellen und so den Follower dabei unterstützen, sein eigenes Modell schrittweise auf dieses Ziel abzubilden.
4. Der Leader muss sich auf die Bedürfnisse des Followers einstellen, z. B. in der Schrittweite der Veränderungen, da dieser ihn sonst stoppen kann.
5. Die individuellen Anfangsmodelle können vertraulich bleiben, was einige Probleme der Kommunikation vermeidet oder mindert.
6. Alle Zwischenergebnisse und Detailüberlegungen können gesichert werden, was eine spätere Analyse des Kooperationsprozesses ermöglicht.

Das Spiel benötigt eine technische Unterstützung für die Folge der Zwischenmo-delle sowie eine ergonomische, kommunikativ günstige Gestaltung von Walled Garden und Common Ground.

Die Praktikabilität dieses Spiels ist nicht erprobt und bedarf weiterer Forschung.

Literatur

1. Michael Hartmann. *Problemlöseprozesse in Kleingruppen: eine experimentelle Untersu-chung zur individuellen und kollektiven Induktion.* Kovač, Hamburg, 1996.

TAM-Prozesse

13

13.1 Struktur von *TAM*-Prozessen

Prozesse können als T-Relationen (d. h. baumartig) beschrieben werden. Ein *TAM*-Prozess besteht aus einer Menge von Prozessblöcken $B = \{b_1, \ldots, b_n\}$, die baumartig voneinander abhängen. Hierbei ist b_1 die Wurzel eines Prozessbaumes. Blöcke $b_i \in B$ können eine Folge von Teilblöcken $U(b_i) \subset B$ enthalten. Für jeden Block ist eine Boolesche Ausführungsfunktion $R(b_i)$ definiert, die angibt, ob die Ausführung des Blockes erfolgreich oder nicht erfolgreich war.
Alle Blöcke sind von einem festgelegten Typ $C(b_i) \in \{\vdash, \vDash, \Vdash, \sqsubset, \bowtie, \triangle, \boxdot\}$. Ein Block b_i vom Typ $C(b_i)$ mit den Teilblöcken $b_{i1}, \ldots, b_{i,h}$ wird als $C(b_i)\,[b_{i,1}, \ldots, b_{i,h}]$ notiert.
Es gibt folgende Typen von Blöcken:

- **Sequenz** $\vdash$ $[b_{i,1}, \ldots, b_{i,h}]$ Ein Sequenz-Block führt alle Teilblöcke der Reihe nach aus und gibt nach der Ausführung aller Teilblöcke $\bigwedge_{l=1}^{h} R(b_{i,l})$ aus.
- **Parallel** $\vDash$ $[b_{i,1}, \ldots, b_{i,h}]$ Ein Parallel-Block führt alle Teilblöcke gleichzeitig aus und gibt nach der Ausführung aller Teilblöcke $\bigwedge_{l=1}^{h} R(b_{i,l})$ aus.
- **Race** $\Vdash$ $[b_{i,1}, \ldots, b_{i,h}]$ Ein Race-Block führt alle Teilblöcke gleichzeitig aus und liefert nach der ersten erfolgreichen Ausführung eines Teilblocks *wahr*. In diesem Fall wird die Ausführung aller anderen Teilblöcke abgebrochen. Falls kein Teilblock erfolgreich ausgeführt werden konnte, liefert der Block *falsch*.
- **Alternative** $\sqsubset$ $[b_{i,1}, \ldots, b_{i,h}]$ Ein Alternativ-Block führt alle Teilblöcke der Reihe nach aus und liefert nach der ersten erfolgreichen Ausführung eines Teilblocks *wahr*. In diesem Fall werden keine weiteren Teilblöcke mehr ausgeführt. Falls kein Teilblock erfolgreich ausgeführt werden konnte, liefert der Block *falsch* zurück.

© Springer Fachmedien Wiesbaden GmbH 2018
U. Beyer et al., *Mensch und System*, https://doi.org/10.1007/978-3-658-21058-8_13

- **Test** $\triangle$ $[b_{i,1}, \ldots, b_{i,h}]$ Ein Test-Block kann keine Teilblöcke enthalten, sondern führt eine beliebige Aktion aus, die ge- oder misslingen kann. Falls die Aktion gelingt, wird *wahr* geliefert, andernfalls *falsch*.
- **Iteration** $\bowtie$ $[b_{i,1}, \ldots, b_{i,h}]$ Ein Iterationsblock führt die enthaltenen Teilblöcke der Reihe nach aus. Nach der Ausführung des letzten Blockes wird erneut mit dem ersten Teilblock begonnen. Falls einer der ausgeführten Blöcke falsch liefert, so wird die Ausführung der Iteration beendet und *falsch* geliefert. Wenn einer der ausgeführten Teilblöcke ein Test-Block ist und dieser *falsch* liefert, so wird die Iteration ebenfalls abgebrochen, es wird jedoch *wahr* geliefert.
- **Aktion** $\boxdot$ Ein Aktionsblock kann keine Teilblöcke enthalten, sondern führt eine einzelne Aktion aus, die ge- oder misslingen kann. Falls die Aktion gelingt, wird *wahr* geliefert, ansonsten *falsch*.

Ausdrücke aus Blöcken können längere Prozesse beschreiben:

$$\vdash \big[\vDash [\boxdot \text{ Gang zubereiten}, \boxdot \text{ Teller abwaschen}],$$

$$\boxdot \text{ Gäste rufen},$$

$$\boxdot \text{ Zusammen essen} \big] \qquad (13.1)$$

oder

$$\vdash \big[\Vdash [\boxdot \text{ Sekretariat sucht Hotel},$$

$$\bowtie [\boxdot \text{ Nächstes Hotel anrufen}, \triangle \text{ Immer noch kein Hotel gefunden}]],$$

$$\boxdot \text{ Reise antreten} \big] \qquad (13.2)$$

Es ist offensichtlich, dass *TAM*-Prozesse keine Neuerung darstellen. Diese Art der Prozessdarstellung ist in vielen anderen Bereichen zu finden, so z. B. im Bereich der „strukturierten Programmierung" (siehe Nassi-Shneiderman-Diagramme [2]) oder im Bereich von Lambda-Kalkül-orientierten Sprachen wie z. B. Lisp. Sie bietet aber die Möglichkeit einer Turing-äquivalenten Darstellung von Prozessen als T-Klassen. Dies ermöglicht es, die Prozesse daraufhin zu untersuchen, ob sie ein E-System sind.

13.2 *TAM*-Prozesse als Systeme

TAM-Prozesse könnten zur Analyse der Dynamik eines Systems eingesetzt werden. In diesem Bereich unterliegen sie aber wie alle anderen Formalismen den vorher aufgezeigten Grenzen der Systemdynamik. Ein solcher Ansatz ist somit nicht zielführend.

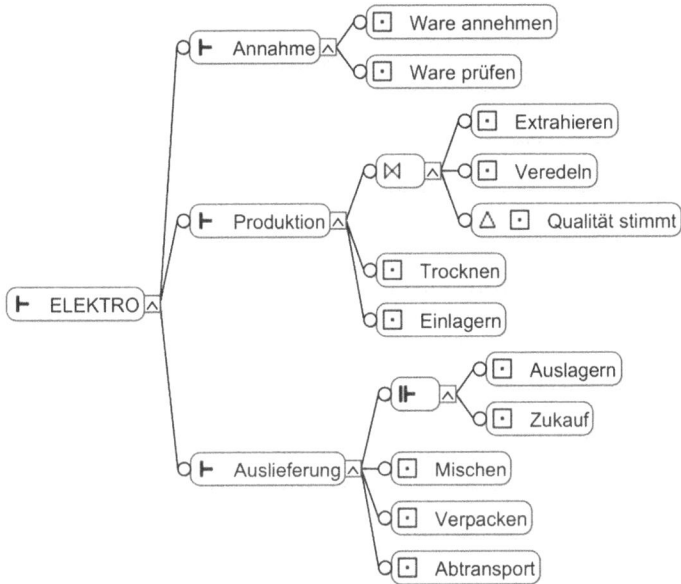

Abb. 13.1 Beispiel für einen gedachten *TAM*-Prozess der ELEKTRO

Darüber hinaus bietet sich aber auch die Möglichkeit, *TAM*-Prozesse als Systeme zu betrachten und z. B. zu analysieren, in welcher *NES*-Systemklasse sie sind. Diese Systemmodelle werden Prozess-*TAM*-Modelle (*PTAM*) genannt. Mit *PTAM* kann die Beherrschbarkeit von Prozesswelten (im Sinne der *E*-These) abgeschätzt werden, ohne dass deren Dynamik analysiert werden muss. Zur Abschätzung werden neben den Prozessblöcken *B* (Abb. 13.1) auch deren Abhängigkeiten zu Daten, Rollen und weiteren Aspekten in Form von *M*-Operatoren modelliert (Abb. 13.2).

Das Entwerfen, Einführen, Betreiben und Fortschreiben von Prozessen stellt einen erheblichen Aufwand für Unternehmen dar. Das „Erzwingen" der Einhaltung der Prozesse ist häufig extrem aufwendig. Dieser Sachverhalt beruht vermutlich auch ganz wesentlich darauf, dass bei ungeschickter Struktur bereits sehr kleine *PTAM*-Modell *S*-Systeme mit hoher Komplexität sind. Dieser Sacherhalt ergibt sich nicht primär aus der Struktur der Prozessblöcke, sondern entsteht durch die Abhängigkeiten zu Daten, Rollen und anderen Ressourcen des Unternehmens.

Diese Überlegungen führen zu einer anderen Variante der *E*-These.

	Ware annehmen	Ware prüfen	Extrahieren	Veredeln	Qualität stimmt	Trocknen	Einlagern	Auslagern	Zukauf	Mischen	Verpacken	Abtransport
☐ Einkauf	■	■							■			
☐ Bestellung	■	■						■	■	■	■	■
☐ Stamm	■	■	■	■	■	■	■	■	■	■	■	■
☐ Qualitätssicherung	■	■	■	■	■	■	■		■	■	■	
☐ Lager							■	■		■		
◆ Werker	■	■	■	■		■	■	■		■	■	■
◆ Qualitätsmanager	■					■	■			■	■	
◆ Produktionsleiter			■	■	■		■	■	■	■		
◆ Controller							■		■			■

Abb. 13.2 Beispiel für ein *PTAM*-Modell des Prozesses aus Abb. 13.1. Den Prozessblöcken sind die genutzten Daten und die verantwortlichen Rollen per *M*-Operator zugeordnet

Prozessmodell-Falle

Die intuitive Idee „Je genauer ein Prozessmodell ist, desto leistungsstärker ist es", ist grundsätzlich falsch, da solche Prozessmodelle unvermeidlich *S*-Systeme sind und somit nur mit erheblichem Aufwand und hoher Trägheit sicher betrieben werden können.

Der Schlüssel zu leistungsstarken und robusten Prozesswelten besteht vielmehr darin, einige grundsätzliche Strukturen als *E*-System festzulegen und die restlichen Teile über den Mechanismus der *L*-Systeme ausschließlich an die Wertschöpfung zu koppeln.

Vorhandene Prozesswelten, die bereits *S*-Systeme sind können mit Hilfe der in Kap. 6 beschriebenen Mechanismen der *E*-Wertschöpfungsmatrix vereinfacht werden.

13.3 *PTAM* und Projektmanagement

Projekt- und Programm-Management [3] ist das Ausführen des in der Projektplanung beschriebenen Prozesses zur Erreichung der Projektziele. Somit können auch Projekt- und Programmplanung als *PTAM* betrachtet werden.

Je genauer und komplexer eine Programmplanung ist, desto schwieriger ist sie zu verstehen, zu kontrollieren und zu verändern. Es gibt also eine Grenze, ab der eine weitere Ausdifferenzierung einer Projektplanung nicht mehr sinnvoll ist, da hierdurch S-Systeme entstehen.

Ein wichtiger Aspekt ist hierbei die Kommunikationsstruktur innerhalb eines Projektes. Die häufig geäußerte Meinung: „Ein Projekt funktioniert umso besser, je genauer die Mitarbeiter das Ganze verstehen, sich untereinander abstimmen und sich situativ gegenseitig helfen" ist aus systemischer Sicht nicht zielführend, da hierdurch bei n Mitarbeitern im Extremfall ein System mit $\mathcal{O}\left(n^2/2\right)$ Abhängigkeiten entstehen würde. Es entsteht de facto ein N-System, das nicht mehr verständlich ist und nicht praktikablen Kommunikations- und Abstimmungsaufwand besitzt.

Ein kontrolliertes Projektmanagement kann aus systemischer Sicht z. B. dadurch erreicht werden, dass alle Kommunikationen, Entscheidungen und Kontrollen grundsätzlich immer auf dem *TAM*-Prozess der Projektplanung zurückgeführt werden. Dieser Aspekt ist baumartig und kann als E-System ausgebildet werden. Alle Steuerungen kommen zentral aus der Projektplanung, alle Kontrollen und Ergebnisse werden in dieser eingearbeitet. Jede fachliche Kommunikation und Abstimmung wird zentral aus der Projektplanung gesteuert. Kommunikationen, Ergebnisse, Aktionen, etc., die nicht aus der Projektplanung abgeleitet und explizit freigegeben sind, finden nicht statt.

Das moderne, eher antiautoritäre Führungsverständnis setzt auf Motivation, Information und Einbeziehung der Mitarbeiter in Kommunikations- und Entscheidungsprozesse. Dies ist aber bei Projekten ab einer gewissen Größe nicht mehr zielführend. Stattdessen sollte aus systemischer Sicht auf das eher autoritäre Prinzip eines klassischen Team-Play gesetzt werden, bei dem jeder Mitarbeiter exakt in seiner Rolle bleibt. Die Motivation entsteht hierbei durch das perfekte gegenseitige Ergänzen der Rollen sowie durch das Vertrauen auf den Kollegen.

13.4   *PTAM* und Software-Metriken

Aus automatentheoretischer Sicht ist Software (etwa eine Anwendung in Java)
auch ein *PTAM*, auch wenn dieser anders (und auf einer anderen Detailebene)
notiert ist, als z. B. Prozessdarstellungen in klassischen Prozessmodellierungsspra-
chen. Somit greifen Überlegungen zu *PTAM*-Modellen auch für Software.

Moderne Paradigmen der Softwaretechnologie [1] unterscheiden zwischen
„Programming in the small" (PIS), also der Notation von Befehlen, Kernalgorith-
men, Datendeklaration u.ä., und dem „Programming in the large" (PIL), das die
grundsätzliche Struktur der Programmteile und deren Zusammenspiel beschreibt.

Im Bereich des PIL liefern die Komplexitätsmaße der *TAM*-Modell fundierte und nachvollziehbare Hinweise, wo eine Programmstruktur so kompliziert ist,
dass sie nicht mehr verstanden, beherrscht und getestet werden kann. Die Systematik der *NES*-Systeme ist also ein guter Ansatzpunkt für effektive Metriken zur
Beurteilung von Softwarequalität.

Da ein gleichzeitiges Betrachten von PIS und PIL fast zwangsläufig zu einem *S*-
System führt, erscheint es plausibel, nur für das PIL ein *E*-System festzulegen. Das
PIS kann im Sinne der *L*-Systeme an die Wertschöpfung gekoppelt werden. Dies
bedeutet, dass im Prinzip keine weiteren Vorgaben für das PIS gemacht werden,
sondern lediglich verifiziert wird, dass das PIS die Wertschöpfung erfüllt, d. h. alle
Tests funktionieren und nichtfunktionalen Anforderungen umgesetzt werden.

Dieses Vorgehen schließt nicht aus, dass Teile des PIS ebenfalls als *E*-Systeme
entworfen werden, es wird aber kein zusammenhängendes Gesamtmodell forciert.
Es entsteht eine rekursive Struktur aus *E*-Systemen, die immer genau so gekoppelt
sind, dass die Kopplung das übergreifende System nicht zu einem *S*-System macht.
Diese hierarchische Dekomposition von Gesamtproblemen ist eine hohe Kunst und
eine der zentralen Qualitäten guter Softwarearchitekten.

Literatur

1. S.H. Kan. *Metrics and Models in Software Quality Engineering*. Addison-Wesley, 2003.
2. I. Nassi and B. Shneiderman. Flowchart techniques for structured programming. *SIG-
   PLAN Not.*, 8(8):12–26, August 1973.
3. H.B. Review. *Harvard Business Essentials Managing Projects Large and Small: The
   Fundamental Skills for Delivering on Budget and on Time*. Harvard Business Essentials.
   Harvard Business Review Press, 2004.

Die Semantik von Transitionen

14

In diesem Buch werden *TAM*-Modelle als Partielle Differenzialgleichungen, d. h. numerisch interpretiert und angewandt. Neben dieser Interpretation können *TAM*-Modelle aber aus als Repräsentation von Sachverhalten in natürlicher Sprache interpretiert werden.

Wir skizzieren im Folgenden kurz, wie dieser Mechanismus grundsätzlich funktioniert:

- Die Variablen der T-Relationen dienen als Nomen der Sprache. Durch die baumartige Struktur entsteht eine Taxonomie je Aspekt.
- Die M-Relationen sind die Verben der Sprache.
- Mit Hilfe der in Kap. 5 beschriebenen Projektionen können Sätze der Sprache gebildet werden.
  - Für zwei Variablen $v_a \in A$ und $v_b \in B$ der Aspekte A, B und einen M-Operator $A \overleftrightarrow{M} B$ drückt die Abbildung $v_a \overleftrightarrow{M} v_b$ den Satz „Subjekt Verb Objekt" aus, also z. B. für Mensch $\in A$, Nahrungsmittel $\in B$, $M = $ „essen", den deutschen Satz „(Ein) Mensch isst (ein) Nahrungsmittel".
  - Wenn man statt der Variablennamen deren Wert verwendet, also z. B. für Mensch = „Klaus" und Nahrungsmittel = „Apfel" so ergibt sich der Satz „Klaus isst (einen) Apfel".
- Die Verben der Sprache können sowohl passiv als auch aktiv verwendet werden. Dies ergibt sich aus der Richtung, in der der zugehörige M-Operator im Rahmen des Projektionsausdrucks durchlaufen wird.
- Die Variablen der A-Operatoren dienen zur Darstellung von Adjektiven und weiteren qualitativen und quantitativen Attributen der Nomen (Abb. 14.1).
- Temporale Phrasen der Sprache können aus den Zeitpunkten t der Variablen v_i^t für Nomen, Verben und Attribute abgeleitet werden.
- Quantitative M-Operatoren können verwendet werden, um konditionale Phrasen und quantifizierte Abhängigkeiten auszudrücken. Sie tragen für jedes Paar

© Springer Fachmedien Wiesbaden GmbH 2018
U. Beyer et al., *Mensch und System*, https://doi.org/10.1007/978-3-658-21058-8_14

Abb. 14.1 Beispiel für
einen *A*-Operator zu dem
Satz „Der 60 Jahre alte
Apfelbaum ist 8 Meter hoch
und sieht prächtig aus"

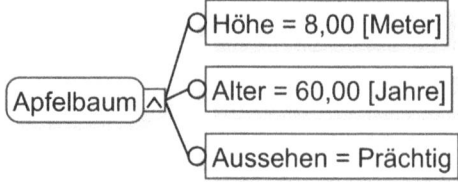

von aufeinander abgebildeten Variablen einen Wert aus $\mathbb{R}$, der dafür genutzt werden kann, die „Intensität" der Abbildung auszudrücken („Klaus isst vielleicht einen Apfel").

TAM-Modelle weisen starke Ähnlichkeit mit den etablierten Repräsentationen im Bereich der Sprachverarbeitung auf [1, 2]. Die Ähnlichkeit zu Sprache ist möglicherweise ein weiteres Indiz dafür, dass *TAM*-Modelle eine Formalisierung von Strukturen sind, die Menschen in ihren kognitiven Mechanismen bei der Modellbildung nutzen.

Bei der Modellierung und Analyse von Unternehmen wird immer die Interpretation als Gleichungssystem genutzt, da diese durch die Projektionen offensichtlich korrekte Äquivalenzumformungen vornimmt. Trotzdem können die bei den Projektionen entstehenden Bäume auch als Sätze interpretiert werden.

Durch die Projektionen findet also eine semantische Informationsverarbeitung aus den Sätzen des Grundmodells hin zu den Sätzen der Ergebnisbäume statt. Verblüffenderweise sind Sätze der Ergebnisbäume „semantisch korrekt" und geben die analysierten Sachverhalte korrekt wieder. Man kann die Ausdrücke von Projektionsoperatoren also als „Fragen" auf dem Ausgangsmodell interpretieren, zu denen die Projektionen die Antworten liefern.

Literatur

1. A. Clark, C. Fox, and S. Lappin. *The Handbook of Computational Linguistics and Natural Language Processing*. Blackwell Handbooks in Linguistics. Wiley, 2013.
2. J.F. Sowa. *Principles of Semantic Networks: Explorations in the Representation of Knowledge*. Elsevier Science, 2014.

The manufacturer's authorised representative in the EU is Springer
Nature Customer Service Centre GmbH, Europaplatz 3, 69115 Heidelberg,
Germany. If you have any concerns regarding our products, please
contact ProductSafety@springernature.com

Printed and bound by CPI Group (UK) Ltd, Croydon, CR0 4YY
29/04/2026
02099337-0001